Maas

Generation Z für Personaler, Führungskräfte und jeden der die Jungen verstehen muss

Rüdiger Maas

Generation Z für Personaler, Führungskräfte und jeden der die Jungen verstehen muss

Ergebnisse der Generation-Thinking-Studie

HANSER

Der Autor:
Rüdiger Maas, Augsburg

Bibliografische Information der Deutschen Nationalbibliothek: Die Deutsche Nationalbibliothek verzeichnet diese Publikation in der Deutschen Nationalbibliografie; detaillierte bibliografische Daten sind im Internet über <http://dnb.ddb.de> abrufbar.

Print-ISBN   978-3-446-46224-3
E-Book-ISBN 978-3-446-46239-7
ePub-ISBN   978-3-446-46254-0

© 2019 Carl Hanser Verlag GmbH & Co. KG, München
www.hanser-fachbuch.de
Lektorat: Lisa Hoffmann-Bäuml
Layout & Herstellung: Cornelia Speckmaier
Satz: Kösel Media GmbH, Krugzell
Coverrealisation: Max Kostopoulos
Druck und Bindung: Friedrich Pustet GmbH & Co. KG, Regensburg
Printed in Germany

DIE JUNGEN
UNBEKANNTEN ...

» *Die Jugend liebt heutzutage den Luxus.*
Sie hat schlechte Manieren, verachtet
die Autorität, hat keinen Respekt vor den
älteren Leuten und schwatzt, wo sie arbeiten
sollte. Die jungen Leute stehen nicht mehr
auf, wenn Ältere das Zimmer betreten. Sie
widersprechen ihren Eltern, schwadronieren in
der Gesellschaft, verschlingen bei Tisch die
Süßspeisen, legen die Beine übereinander und
tyrannisieren ihre Lehrer.«

(Sokrates, ca. 470 – 399 v. Chr.)

Haben Sie schon Ihre Erfahrung mit jungen Bewerbern gemacht, die äußerst selbstbewusst sind, die zwar arbeiten wollen, aber nur zu ihren Bedingungen? Die Arbeit soll ausschließlich Spaß machen, Kollegen müssen nett sein ... Und der Freiraum muss ebenfalls angemessen sein. Aber bitte ohne Überstunden! Dann hatten Sie wahrscheinlich mit der Generation Z zu tun.

Der Fachkräftemangel führt dazu, dass nicht länger die Arbeitgeber die Arbeitnehmer aussuchen, sondern dass die jungen Arbeitnehmer die Arbeitgeber aussuchen. Sie sollten daher wissen, wie diejenigen, die Sie für Ihr Unternehmen gewinnen oder als Führungskraft leiten wollen, ticken.

Marco war ein neuer Praktikant bei uns und durfte gleich am ersten Tag seines Praktikums zu Terminen mitfliegen. Ich nahm ihn mit in die Business-Lounge und wunderte mich, dass er nichts essen oder trinken wollte. Er habe schon gefrühstückt, und Kaffee trinke er sowieso nicht. Auf dem Rückflug nahm er ebenfalls nichts. Eigentlich ganz vernünftig. Dennoch war ich erstaunt. Ich an seiner Stelle hätte zugelangt. Und wäre begeistert gewesen. Auch darüber, wie Marco gleich am ersten Tag bei einem Geschäftsführer-Meeting dabei sein zu dürfen. Doch Marco ließ sich nicht einmal einen Anflug von Begeisterung anmerken. Als Marco in der Folgewoche Daten erheben sollte, bat er um ein Gespräch. Daten erheben, das sei nichts für ihn. Er wolle anspruchsvolleren Tätigkeiten nachgehen. Dass so was nicht immer möglich sei, dafür hatte er kein Verständnis. Er kündigte.

Viele Unternehmer erlebten Ähnliches. Insgesamt berichteten mir Dutzende, dass sie die Jungen nicht verstehen und nachvollziehen können. So viel mussten sie noch nie entgegenkommen. So wenig kam noch nie zurück. Kurzfristige Absagen, Bewerbungsschreiben mit Rechtschreibfehlern übersät, Anschreiben mit falschem Firmennamen – hörte ich nun fast täglich.

Die Erfahrungen mit der sogenannten Generation Y, der Vorgängergeneration, waren und sind anders gelagert. Die Eigenschaften, die bis dato den Jugendlichen zugeschrieben wurden, passen nicht mehr zu den aktuellen Erlebnissen. Doch vereinzelte Erlebnisse sind das eine. Sie haben wenig Aussagekraft und lassen sich auch nicht verallgemeinern. Ist es wirklich so, dass die aktuellen Jungen so ganz anders sind? Oder sehen wir sie nur anders? Ist es das Vorrecht des Alters, die Jugend kritisch zu betrachten? So wie Sokrates es bereits vor 2500 Jahren getan hat? Hat das also mehr mit dem Betrachter zu tun?

Wertesysteme verändern sich, das ist nicht neu. Die Wahrscheinlichkeit, dass es Unterschiede zwischen den Generationen gibt, ist dementsprechend hoch. Von welchen Werten wird die Generation Z geleitet? Welche Rolle spielen hierbei Karriere und Beruf?

Die Generation Z:
Eine fremde Welt?

Es gibt für die Generation Z in Deutschland kaum wissenschaftlich haltbare Erkenntnisse. Die Datenlage ist nicht ausreichend, um diese Generation zu verstehen. Damit war der Entschluss für eine eigene Studie gefasst. Und die sollte einzigartig sein: bundesweit, wissenschaftlich valide, gemacht für Praktiker.

Ich stellte aus meinem Beratungsteam ein Forschungsteam zusammen, in dem jede Generation vertreten war. Alle haben entweder Psychologie oder Soziologie studiert. Gemeinsam haben wir das Institut für Generationenforschung gegründet. Wir entwarfen ein Forschungsdesign und befragten über 2000 Jugendliche. Immer getrieben von der Frage: Was erwarten diese Jugendlichen von ihrem zukünftigen Arbeitgeber?

Die Ergebnisse sind beeindruckend. Vorurteile wurden bestätigt, aber es gab auch erstaunliche Überraschungen. Mit unserer Studie sind wir Pioniere und haben das erste Mal eine Trennschärfe zwischen den Generationen Y und Z herausgearbeitet. Wir haben die Lebenswelt der Generation Z gründlich untersucht, all ihre Einflüsse, Wünsche und Hoffnungen. In den folgenden Kapiteln stellen wir Ihnen all unser Wissen bereit. Damit Sie lernen, die Jugendlichen der Generation Z zu verstehen. Und damit Sie in unseren 27 Schritten Ihr Unternehmen für diese Generation und somit für die Zukunft attraktiv aufstellen.

Augsburg, Sommer 2019
Rüdiger Maas

Was Sie
in diesem Buch
erwartet

1

Von Schimmel-Wegschneidern zu Smartphone-Symbiotikern

Die Generation Z tickt völlig anders als all ihre Vorgängergenerationen –
und hat ganz andere Ansprüche an Arbeitgeber.

Ausgeschrieben wurde eine Office-Managerin-Stelle in Vollzeit. Beworben hat sich Katharina, 21 Jahre jung, mit Wunsch, in Teilzeit zu arbeiten. Die einzige Bewerbung seit über einer Woche. Nun wollte man es wissen und bat sie zum Vorstellungsgespräch. Schnell kam man zur Frage, wieso eine 21-Jährige nur 30 Stunden arbeiten möchte? Sie möchte mehr Freizeit, um sich dem Tierwohl zu widmen. Warum? Ja richtig, damit sie sich mehr um artgerechte Tierhaltung kümmern kann: Tierwohl statt Unternehmenswohl. Aus einem Gespräch über eine Vollzeitstelle Office-Management wurde ein Gespräch über artgerechte Tierhaltung. Dennoch: Beide Seiten einigten sich – zu den Konditionen der Bewerberin: mehr Urlaub, höherer Lohn und kürzere Arbeitszeit. Doch dann, einen Tag vor der Vertragsunterzeichnung, die Absage ...

Geschichten wie die von Katharina oder dem im Vorwort erwähnten Marco sind keine Einzelfälle. Katharina und Marco gehören der sogenannten Generation Z an.

Welche Generationen sind heute überhaupt noch relevant? Wer erzieht denn die jetzige Jugend? Wie wurde sie sozialisiert? Wie alt werden in der Regel deren Eltern sein, wie waren wiederum deren Eltern? Mit diesen Fragen beschäftigt sich die Generationenforschung.

Sozialisationsphase

Die Sozialisationsphase bzw. Sozialisation beschreibt das Einordnen und Anpassen eines Menschen (Individuums) an die Gesellschaft, in der er aufwächst. Diese Phase umfasst das Kindes- und Jugendalter. Während der Sozialisationsphase werden Werte und Normen verinnerlicht und es wird eine relativ stabile Identität ausgebildet. Diese Identität wird durch verschiedenste Faktoren geprägt: die Erziehung, Bildungsinstitutionen (Kindergärten, Schulen etc.), das soziale Umfeld und die gegenwärtigen politischen, ökonomischen und ökologischen Rahmenbedingungen.

1945 1950 1965 1980 1995

Jede Generation hat ihre besondere Spezifika. Ging es früher häufig ums blanke Überleben, so spielen bei den jüngeren Generationen eher Selbstverwirklichungsaspekte die zentrale Rolle.

Die Grundlagen der Generationenforschung schuf der Soziologe Karl Mannheim 1920 mit den ersten Theorien. Aufgegriffen wurde dieses Thema erst lange Zeit nach dem Zweiten Weltkrieg, als die sogenannte Nachkriegsgeneration erforscht wurde. Die Generation der Babyboomer ist in einem Umfeld aufgewachsen, in dem die Erwachsenen einen Krieg erlebt haben, der alles davor Dagewesene in den Schatten stellte. Das Leid war unendlich groß, darüber gesprochen wurde nicht. Diese Extremerfahrung, die Millionen von Menschen erlebt haben, und das anschließende Schweigen übertrugen sich auf die Kinder und prägten diese Generation stark.

Generationenforschung

Generationenforschung macht sichtbar, welche einzigartigen Merkmale die verschiedenen Generationen aufweisen. Generationen sind von wirtschaftlichen, kulturellen, sozialen und ökologischen Umständen und Veränderungen abhängig und trotz ihrer Verschiedenheit dadurch auf gleiche Art und Weise geprägt. Auf Basis dieser Erkenntnis entwickelte der Soziologe Karl Mannheim im Jahr 1928 die erste Theorie der Generationenforschung. Veröffentlicht in seinem Essay »Das Problem der Generationen«. Während sich Generationen früher in ihren Wertvorstellungen langsamer gewandelt haben (wenig gesellschaftliche Verände-

rungen), geschieht das in der Moderne deutlich schneller. Heute umfasst eine Generation ungefähr 15 Jahre. Diese Abgrenzung wurde gezogen, da Generationen schon nach dieser Zeit andere Wertvorstellungen haben.

(Mannheim, K. 1964, S. 509 – 565)

Die Jugendlichen der Nachkriegsgeneration hatten ausnahmslos den Zweiten Weltkrieg erlebt. Es prägte einen, wenn das Essen knapp war, dass bestimmte Themen, wie die Erfahrungen des Vaters an der Front, tabu waren und es nur die Chance gab, nach vorne zu blicken. Das ist die Generation, die bis zum Schluss den Schimmel beim Brot wegschnitt, aber nicht das Brot wegwerfen konnte. Gefühle wurden nicht gezeigt, Umarmungen wirkten hölzern.

Die Kriegs-/Nachkriegsgeneration

Unsicherheit, Angst und traumatisierte Kriegsrückkehrer führten bei vielen Angehörigen dieser Generation zu emotionalen Blockaden und geringem Selbstwertgefühl. Die Erfahrungen der Kriegs-/Nachkriegsgeneration prägten auch den Erziehungsstil dieser Generation. Und damit auch die Generation der Babyboomer.

Die Babyboomer-Generation ist die Generation der Vielen! Ob es um Ausbildungsplätze oder um Rentenansprüche geht, immer wird es eine große Anzahl von Personen geben, die das Gleiche wollen.

Die Wirtschaft boomt, VW hat den millionsten Käfer produziert und die Geburtenrate ist so hoch wie seit Jahrzehnten nicht mehr. Wer fleißig ist, kann viel erreichen. Die Babyboomer-Generation will mehr. Mehr Mitsprache, mehr Transparenz, mehr Gleichberechtigung, aber auch mehr Erfolg. Es ist nicht verwunderlich, dass diese Generation die 68er-Bewegung hervorbrachte. Prägend war für diese Generation die hohe Geburtenrate, die eine hohe Konkurrenz auf dem Arbeitsmarkt mit sich brachte. Auf eine Stelle gab es 30 Bewerber; egal ob Studienplatz oder Arbeitsplatz, alles war schon irgendwie besetzt. Dazu immer wieder die relativ strikte und aus heutiger Sicht distanzierte Erziehung ihrer Eltern. Man war dankbar, einen Job zu haben, den man in der Regel bis zur Rente auch ausübte.

Babyboomer-Generation

Die Babyboomer-Generation umfasst die Jahrgänge 1950 bis 1964, da deren Mitglieder zu Zeiten stark steigender Geburtenraten nach dem Zweiten Weltkrieg geboren worden sind. Sie ist die erste Generation, die im Zuge des Wirtschaftswunders die Vorzüge der Massenproduktion von Gütern wie Autos und Kühlschränken kennenlernte. Ihre Prägung ist vor allem durch Wirtschaftswachstum und sich schnell verbessernde Lebensumstände gekennzeichnet. Aber auch durch viele Mitbewerber auf dem Arbeitsmarkt.

Aus dem Arbeitsmarkt werden in den kommenden Jahren die letzten Vertreter der Babyboomer-Generation austreten – einige sind bereits im Ruhestand.

Die Folgegeneration, die Generation X, waren die Kinder der Nachkriegs- oder der Babyboomer-Generation. Waren die Eltern jung und somit Teil der Babyboomer-Generation, war es für die Eltern kein Problem, altes Brot wegzuschmeißen. Die Erziehung verlief in der Regel liberaler als bei Eltern aus der Nachkriegsgeneration. Prägend für diese Generation waren der Kalte Krieg und der Super-GAU in Tschernobyl.

Generation X

Die Generation X steht für die Jahrgänge 1965 bis 1980 und ist in der Arbeitswelt die Generation, die den Takt angibt. Der Großteil der Positionen im Management werden durch »Xler« bekleidet. Ihre Vorstellungen von Arbeit prägen die derzeitige Arbeitswelt am meisten – sie unterscheidet sich jedoch auch stark von den jüngeren Generationen. Die Mitglieder der Generation X sind eher individualistisch geprägt und legen verstärkten Wert auf einen hohen Lebensstandard, aber auch genügend Freizeit neben dem Beruf.

Die Generation X hat ein geteiltes Deutschland erlebt und durfte plötzlich keine Pilze mehr essen. Die meisten lebten relativ wohlhabend. Irgendwie hatte jeder einen Walkman und später einen Gameboy. Schulnoten waren sehr wichtig, und man war stolz, auf dem Gymnasium zu sein. Von 100 eingeschulten Schülern schafften gerade mal 17 das Abitur. Es war nicht unüblich, denselben Beruf wie der Vater zu ergreifen oder sogar in der gleichen Firma zu arbeiten. Im Studium wurde es schon schwieriger, denn bei den wirklich interessanten Studiengängen war oft ein Numerus clausus die Zugangshürde. Beim Bewerbungsschreiben ließ man drei weitere Familienangehörige drüberlesen, denn nichts war peinlicher als ein Rechtschreibfehler. Beim Vorstellungsgespräch war man viel zu früh da, konzentrierte sich auf einen festen Händedruck, einen ordentlichen Anzug oder ein ordentliches Kostüm, ein freundliches Gesicht. Hat man die Stelle bekommen? Wenn nicht, wäre es die eigene Schuld gewesen. Eine Sichtweise, die der heutigen jungen Generation fremd ist. Eine Absage bedeutet für sie, eine Option weniger zu haben.

Die Nachfolgegeneration, die sogenannte Generation Y, wuchs mit dem Internet und teilweise mit Handy auf. Das unterscheidet sie erheblich von den vorherigen Generationen.

Generation Y

Zwischen 1981 und 1994 Geborene werden als Generation Y bezeichnet, sinnbildlich steht das Y für »why« aus dem Englischen: Die Arbeitnehmergeneration der Generation Y zeichnete sich wie noch keine Generation zuvor durch die Suche nach einem tieferen Sinn in der Arbeit aus. Ihre Wertausrichtung ist leistungs- und karriereorientiert. Sie fordern von Arbeitgebern Flexibilität und Work-Life-Blending.

Mitglieder dieser Generation werden Digital Natives genannt, sie erlebten in jungen Jahren die massenhafte Verbreitung des Internets. In der Arbeitswelt forderte die Generation Y Homeoffice, Praktika, aber auch eine Sinnhaftigkeit und Nachhaltigkeit im Beruf. Dem »why« eben. Viele von den jüngeren Menschen konnten sich lange nicht entscheiden, was sie werden wollten. Sie stiegen auch relativ spät in den Beruf ein. Wesentlich später, als es bei den Vorgängergenerationen üblich war. Auch sonst hat sich viel verändert. Die Generation Y hat sich noch mit großer Praktikumserfahrung beworben. Sie war erstaunlich leicht durch ein eigenes MacBook, Homeoffice und Work-Life-Blending zu begeistern.

Die Art der Wissensaufnahme und wie wir kommunizieren prägen unser Denken, unsere Kreativität, wie wir an Probleme herangehen oder auch welche Frustrationsgrenze wir haben.

Das Denken und Hineinfühlen in die jeweiligen Generationen ist Basis erfolgreicher Personalarbeit und Führung. Auch zu bedenken: Heterogene Teams sind kreativer und erfolgreicher!

Die jetzige Jugend passt nicht mehr in das Bild der Generation Y. Denn: Die aktuellen Jugendlichen sind nicht nur Digital Natives, sie sind Social Media Natives.

Zu den verschiedenen Generationen gibt es viel Wissen. Wirklich interessant für Arbeitgeber ist aber die aktuelle Jugendgeneration. Die, zu der auch Katharina und Marco gehören. Die Generation, die als Arbeitnehmer vollkommen anders tickt – das ist die sogenannte Generation Z. Das Z ist in erster Linie dem Namen der Vorgängergeneration Y geschuldet. In der US-amerikanischen Literatur ist manchmal sogar die Rede von Generation Zombie – weil diese Generation so oft auf das Smartphone schaue. Aber auch von der Generation »snowflake«, denn ihre Eltern sehen ihre Kinder zwar als einzigartig, aber auch als sehr verletzlich an – eben wie eine Schneeflocke. Die Generation Z umfasst die Jahrgänge 1995 bis 2010. Ein Teil dieser Jugendlichen ist also schon im Beruf, der Großteil aber noch in Ausbildung und Studium.

Machen Sie sich Gedanken über die Lebenswelten Ihres Gegenübers. Versuchen Sie, die Perspektive der anderen Generationen einzunehmen. In Generationen denken ist erlernbar und heute eine der wichtigsten Fähigkeiten, die in der Arbeit mit Menschen gefordert werden.

Hilfreich für Unternehmen ist der sogenannte Generationen-Analyse-Check (GAC), mit dem effizient ermittelt werden kann, in welcher »Generation« sich das Unternehmen befindet. Welcher Schwerpunkt wird in der Unternehmensdarstellung verwendet? Welche Generationensprache wird denn eigentlich gesprochen? Nutze ich die richtigen Kanäle? Will ich Nachwuchskräfte ansprechen, darf ich eben nicht die Sprache der Generation Y verwenden. Der GAC hilft dabei, Personalrekrutierung zu aktualisieren und zu beschleunigen. Ein unbezahlbares Gut in der immer stärker werdenden Generationendiversität.

2

DAS STUDIENDESIGN

» *Alles messen, was messbar ist – und messbar machen, was noch nicht messbar ist.«*

(Galileo Galilei, 1564 – 1642)

Mit unserem Team aus Psychologen und Soziologen erstellten wir einen umfangreichen Fragebogen. In Interviews mit Angehörigen der Generation Z besprachen wir die Fragen. So konnten wir herausfinden, welche Fragen wirklich interessant sind. Nur wer sich auf die Zielgruppe einlässt, kann auch gute Fragen stellen. Nachdem der Fragebogen zusammengestellt und statistisch überprüft worden war, testeten wir ihn bei Jugendlichen auf Verständlichkeit. Erst dann wurde der Einsatz im Feld möglich.

Am schwierigsten bei solchen Studien ist das Gewinnen von Befragten. Sie sollten ein Abbild der gesamten Gesellschaft, also repräsentativ sein. Deshalb sprachen wir Jugendliche der Generation Z aus allen Bildungseinrichtungen und Bundesländern an. Ein repräsentatives Stichprobendesign.

Zu unserer großen Überraschung war das gar nicht so schwer. Die meisten Leiter von Schulen, Ausbildungsakademien und Hochschulen zeigten sich sehr interessiert an den Ergebnissen, waren dankbar, denn sie hatten dieselben Erfahrungen wie wir gemacht. Wir rannten offene Türen ein. Die Leiterin einer Ausbildungsakademie mit über 3000 jugendlichen Auszubildenden sagte: »Bitte führen Sie die Befragung bei uns durch. Ich mach den Job seit 20 Jahren. Aber diese Generation verstehe ich nun wirklich nicht mehr.«

Die Erhebung erfolgte in zwei Phasen: In den meisten Bildungseinrichtungen waren wir vor Ort mit Hunderten von Seiten Papier in der Hand. Wir gingen von Klasse zu Klasse mit unseren Fragebögen. Immer wieder erklärten wir unser Forschungsvorhaben. Die meisten Jugendlichen hatten Spaß am Ausfüllen des Fragebogens. Auch die Lehrkräfte waren sehr offen für unser Vorhaben – und zeigten sich interessiert. Im Anschluss sammelten wir alle Bögen immer wieder ein, um eine möglichst hohe Rücklaufquote zu gewährleisten.

Parallel dazu streuten wir unseren Fragebogen online über Social-Media-Kanäle wie z. B. Facebook und befragten so die Jugendlichen verschiedener Schulen und Hochschulen bundesweit.

Facebook

Mark Zuckerberg programmierte 2003 die Internetseite Facemash.com, den Vorgänger von Facebook. Ein Portal, auf dem jeweils die Attraktivität zweier Fotos seiner Kommilitoninnen zu bewerten waren. So groß der Ansturm auf die Seite war, so schnell wurde sie von der Universitätsleitung aus dem Verkehr gezogen. Grund: Die Fotos der Studentinnen wurden ohne deren Einwilligung veröffentlicht. Zuckerberg war anscheinend immer schon spinnefeind mit dem Datenschutz. Ein Jahr später brach Zuckerberg sein Studium ohne Abschluss an der Harvard University ab. Fünf Jahre später wurde er Milliardär.

Insgesamt sieben Monate dauerte es, bis wir die Erhebungsphase beenden und die Ergebnisse unserer Forschung analysieren konnten.

Wichtig ist hervorzuheben, dass wir nicht wahllos Jugendliche befragten. Für unser Interesse haben wir uns dafür entschieden, nur die Jahrgänge 1995 bis 2001, also die zum Zeitpunkt der Erhebung 16- bis 23-jährigen Jugendlichen, zu befragen.

Aus welchem Grund? Wenn es um berufsbezogene Ansichten geht, sind z. B. Aussagen von Zwölfjährigen schwer zu interpretieren. Für junge Jugendliche spielt der Beruf noch keine so große Rolle – dementsprechend sind sie sich ihrer Wünsche an Arbeitgeber etc. auch nicht immer bewusst. Oder diese sind in vielen Fällen auch unrealistisch. So heißt der Wunschberuf vieler Zwölfjähriger noch Feuerwehrmann oder YouTube-Star.

Genauso wichtig war es, unsere Studienergebnisse mit Ergebnissen älterer Studien vergleichen zu können. Es ist nicht immer sinnhaft, Befragungsergebnisse alleinstehend zu interpretieren. Mithilfe von Vergleichsdaten sind Trends und Entwicklungen feststellbar. Durch diesen Wunsch geleitet, übernahmen wir einige Fragen aus einer bundesweiten Jugendstudie des Deutschen Jugendinstituts München (DJI) aus dem Jahr 2002. Die Ergebnisse dieser Studie konnten wir damit direkt einigen Ergebnissen unserer Studie gegenüberstellen. So gewannen wir eine spannende Vergleichsmöglichkeit, wie sich die Einstellungen Jugendlicher innerhalb von 17 Jahren in Deutschland verändert haben. Dieses Vorgehen unterscheidet sich erheblich von Studien, die gleichzeitig Mitglieder unterschiedlicher Generationen befragen. Werden beispielsweise Jugendliche der Generation Z und Erwachsene der Generation Y befragt und die Ergebnisse gegenübergestellt, lassen sich Unterschiede nicht auf eine Generationenprägung zurückführen. Eine Person mit 20 Jahren hat aufgrund der Lebensphase und unabhängig von der Generation andere Wertvorstellungen und Interessen als eine 35-jährige Person. Wird das nicht beachtet, werden sogenannte Alterseffekte nicht berücksichtigt und liefern falsche Ergebnisse.

Unsere insgesamt 91 Items des Fragebogens haben wir in folgende Themenkomplexe gegliedert:

▶ Demografische Daten (Alter, Bildung, Geschlecht etc.)
▶ Gewünschtes Verhältnis zwischen Berufs- und Privatleben
▶ Erwartungen an den Arbeitgeber
▶ Ideale Kanäle für Stellenanzeigen
▶ Einschätzung von Recruitingtrends wie »Recruitainment«
▶ Gewünschte Verantwortung im Unternehmen (Führung, Betriebsrat etc.)
▶ Gewünschte Arbeitszeitmodelle und Arbeitszeiten
▶ Wichtigste Werte im Leben (z. B. ehrgeizig sein, ein spannendes Leben führen)
▶ Wichtigste Lebensbereiche (z. B. Familie, Beruf)
▶ Wichtigste Merkmale eines Berufs
▶ Wunsch nach Homeoffice
▶ Subjektive Zukunftsaussichten auf dem Arbeitsmarkt
▶ Geschätzte Häufigkeit des Arbeitgeberwechsels die nächsten Jahre
▶ Medienverhalten und Mediennutzung

Nachdem wir die Ergebnisse analysiert hatten, waren wir erstaunt. Und stachelten uns an, weiterzuforschen. Wir konnten zeigen, dass die Generation Z völlig anders tickt als all ihre Vorgängergenerationen – und ganz andere Ansprüche an Arbeitgeber hat.

Über 90 % der Unternehmen in Deutschland sind auf diese Entwicklung nicht vorbereitet. Die meisten Unternehmen wissen nicht einmal etwas von unterschiedlichen Generationen am Arbeitsplatz, geschweige denn haben Strategien oder Konzepte entwickelt, um sich darauf einzustellen.

Diese Lücke wollten wir schließen. Durch unsere Studie. Durch einen Workshop, den wir »Generation-Thinking« nennen (www.generation-thinking.de). Noch viel mehr aber durch das Institut für Generationenforschung, das wir extra zu diesem Zweck gegründet hatten. Damit war der Grundstein für weitere hoch spannende Generationenforschungen gelegt.

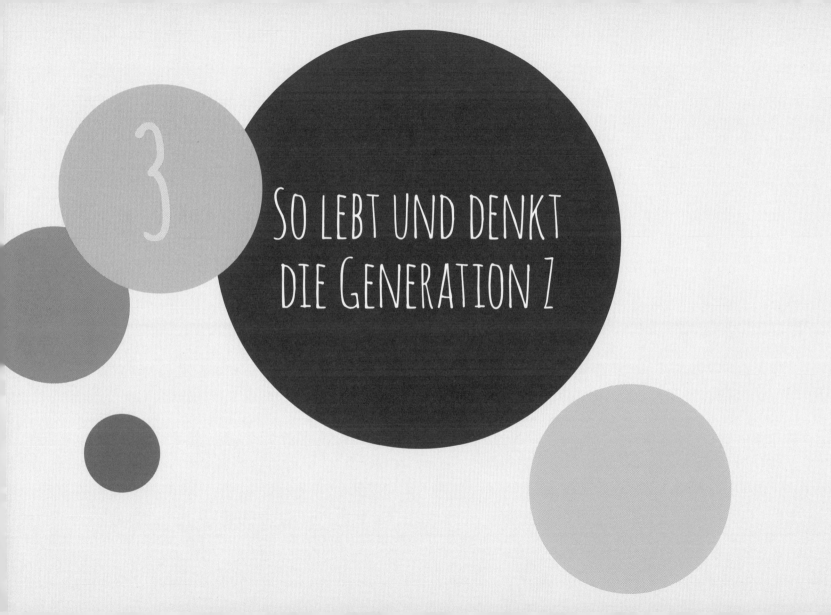

3 So lebt und denkt die Generation Z

» *Ich habe überhaupt keine Hoffnung mehr in die Zukunft unseres Landes, wenn einmal unsere Jugend die Männer von morgen stellt. Unsere Jugend ist unerträglich, unverantwortlich und entsetzlich anzusehen.«*

(Aristoteles, 384 – 322 v. Chr.)

Stark prägend sind für Generationen die derzeitigen Verhältnisse auf dem Arbeitsmarkt. Sehen Jugendliche bei Freunden, dass sie Probleme bei der Jobsuche haben? Oder können sich die Leute im Umfeld den Job frei aussuchen? Solche Fragen sind entscheidend dafür, wie eine Generation zum Berufsleben steht. Und vor allem: Was sie von Arbeitgebern erwartet. Für die Generation Z ist die Lage gut. Denn die Jugendarbeitslosigkeit liegt nur bei 6,4 % (im europäischen Ausland liegt diese zum Teil bei über 35 %). Die wenigsten müssen sich also Sorgen um eine Arbeit machen. Sie werden in der Regel eine finden. Auch die Wege von der Ausbildung in den festen Beruf sind in Deutschland gut.

Damit wir die Jugendlichen der Generation Z besser verstehen können, mussten wir einen genaueren Blick auf ihre Lebenswelt werfen. Wie sind sie eigentlich aufgewachsen und was ist anders? Warum haben sie ein völlig anderes Verständnis von normal? Wie denken sie über ihre Welt und die der anderen nach?

3.1 Generation selbstbewusst

Die Generation Z, nennen wir sie Zler, sind so gut ausgebildet wie noch keine Generation zuvor. Über 50 % können und dürfen studieren. Und es haben prozentual noch nie so viele Jugendliche studiert wie heute. Das verzögert den durchschnittlichen Berufseinstieg – und macht sie dadurch länger finanziell abhängig.

Die Generation Z profitiert stark vom demografischen Wandel. Zukünftig werden viele Stellen für verhältnismäßig wenige Jugendliche frei sein. Die Generation Z wird also mit viel Rückenwind auf den Arbeitsmarkt befördert. Die niedrige Gesamtarbeitslosenquote im Jahre 2019 in Deutschland führt zusätzlich dazu, dass sich Firmen schwertun werden, gute Mitarbeiter zu finden oder zu bekommen. Arbeitnehmer suchen sich den Job aus, nicht andersherum. Und der muss ihnen gefallen und Spaß machen:

» *Wir haben keine Lust auf unmenschliche Arbeit und unfreundliche Kollegen.*
Wenn ich jeden Tag ins Büro gehe, möchte ich mich dort auch wohlfühlen. Klar geht's um Arbeit, aber ich bin ja jeden Tag dort. Da muss ich mich schon wohlfühlen und die Leute mögen.«

(Berufsschülerin Claudia aus Berlin, Teilnehmerin unserer Befragung)

Das zeigt unsere Studie auch in überraschend eindeutiger Weise: Über 70 % blicken sehr positiv und selbstbewusst auf die Arbeitswelt. Die Generation Z kommt aus behüteten Verhältnissen ohne nennenswerte materielle Zukunftsängste – sie kennen es nicht anders. Sie haben im Endeffekt auch nichts zu verlieren. Sie können nicht tief fallen, das Auffangnetz der Eltern ist quasi direkt unter ihnen und immer für sie da.

3.2 Generation Wertewandel

Der Optimismus dieser Generation ist berechtigt. Egal ob im Osten, Westen, Norden oder Süden Deutschlands. Überall hören wir von Kunden, die enorme Anstrengungen unternehmen, sich für junge Leute attraktiv aufzustellen. Dafür wenden viele Firmen mittlerweile viel Zeit und Geld auf. Sie merken: Wenn ich nicht auf mich aufmerksam mache, bricht mir der Nachwuchs weg. Da ist es wesentlich, diese Zielgruppe auch zu kennen. Die Generation Z vertritt eigene Werte. Heute wird mehr Wert darauf gelegt, das eigene Leben zu genießen. Früher standen an dieser Stelle Werte wie Fleiß und Gehorsam. Das klingt für die Generation Z nach einer Erzählung alter Tage. Sie definieren sich eben nicht nur über die Arbeit. Was in der Freizeit getan wird, Hobbys, Reisen, Mode – diese Dinge sind viel wichtiger. Wie das beurteilt wird, hängt vom Auge des Betrachters

ab. Für Unternehmer und Personaler jedenfalls eine Herausforderung.

Diesem Anspruch werden die meisten Arbeitgeber bei Weitem nicht gerecht. Die Abbruchquote bei Auszubildenden liegt zurzeit bei 26 % – so hoch wie schon lange nicht mehr.

Tabelle 3.1 Bewertung arbeitsbezogener Aspekte

	Eher ja	Eher nein
Außerhalb der Arbeitszeiten für Vorgesetzte erreichbar sein?	44,4 %	27,6 %
Nach Feierabend arbeitsrelevante Mails lesen?	40,1 %	26,8 %
Führungsverantwortung übernehmen?	58,3 %	11,3 %
Gewünschtes Engagement als Auszubildenden- oder Arbeitgebervertreter/in?	41,3 %	21,6 %
Obligatorische Freizeitangebote am Arbeitsplatz?	19,4 %	44,4 %
Wahrgenommene Zukunftschance auf dem Arbeitsmarkt	42,5 %	9,4 %
Verhältnis Zeit/Geld?	29,9 %	22,0 %
Gewünschte Trennung von Berufs- und Privatleben?	47,7 %	10,1 %
n = 2145; Quelle: Erhebung Maas Beratungsgesellschaft mbH, 2018		

Die »eigene Familie« gewinnt an Bedeutung

Für Frauen ist die »eigene Familie« nach wie vor wichtiger als für Männer. Aber die Geschlechter nähern sich an! Insgesamt ist für Generation Z die »eigene Familie« signifikant wichtiger als für Generation Y.

3.3   Generation Freizeit

Unsere Studie belegt deutlich, dass sich das Verhältnis zwischen Beruf und Freizeit im Vergleich zu den Jugendlichen im Jahr 2002 stark verändert hat. Die Zler finden Freizeit und Familie deutlich wichtiger als Karriere oder Geld. Bei der Generation Y war das noch nicht so. Das heißt jetzt nicht, dass Unternehmer weniger Gehalt zahlen brauchen. Heißt auch nicht, die Generation Z möchte kein Geld verdienen. Sie wird nach wie vor zu Firmen gehen, die besonders gut zahlen. Aber es bedeutet, dass der Job nicht an erster Stelle steht. Soziale Kontakte sind wichtiger. Das alles unter einen Hut zu bekommen, ist für die Jugendlichen von großer Bedeutung.

» *Ich möchte nicht so viel arbeiten wie meine großen Geschwister. Wenn ich meine Freundschaften nicht mehr pflegen kann, dann bringt mir Geld auch nichts.«*

(Abiturient Kevin aus Stuttgart,
Teilnehmer unserer Befragung)

Homeoffice und Mobile Office

Wussten Sie, dass der Begriff Homeoffice ein eingedeutschter Begriff ist, den es im englischen Sprachgebrauch nicht gibt? Dort spricht man von »telework«, also Fernarbeit.

Tabelle 3.2 Einschätzung grundlegender Werte (Verteilung der Antworten auf definierte Antwortkategorien)

Frage: Auf einer Skala von »1 = überhaupt nicht wichtig« bis »10 = sehr wichtig«, wie wichtig schätzen Sie das Folgende ein?				
	Generation Z		Generation Y	
	Skalenwerte 7 + 8	Skalenwerte 9 + 10	Skalenwerte 7 + 8	Skalenwerte 9 + 10
Ehrgeizig sein	43,2 %	40,5 %	38,2 %	37,2 %
Ein aufregendes, spannendes Leben führen	35,2 %	41,1 %	38,1 %	33,4 %
Eigene Fähigkeiten entfalten	34,3 %	57,3 %	31,7 %	59,8 %
Rücksicht auf andere nehmen	31,4 %	51,9 %	37,7 %	45,3 %
Eigene Familie und Kinder	17,3 %	68,7 %	27,3 %	34,9 %
Beruf und Arbeit	48,6 %	34,7 %	34,0 %	48,8 %
Hohes Einkommen	38,8 %	33,4 %	38,7 %	45,0 %
Ein Beruf, der einem genügend Zeit für die Familie lässt	23,8 %	64,5 %	36,0 %	50,4 %
Freizeit und Erholung	33,7 %	54,9 %	32,0 %	60,1 %

n = 2208; Quelle: Erhebung Maas Beratungsgesellschaft mbH, 2018, Deutsches Jugendinstitut München – Jugendsurvey 2000
Anmerkung: Insgesamt entschieden sich über 86 % der Befragten dazu, Antworten anzukreuzen, die innerhalb der Antwortkategorien 7 bis 10 liegen. Deshalb sind in dieser Tabelle die Antwortkategorien (Skalenwerte) »7 + 8« und »9 + 10« kumuliert dargestellt und hinsichtlich der Generationenzugehörigkeit gegenübergestellt.

3.4 Generation angenehmes Arbeitsklima

Aus guten Aussichten auf dem Arbeitsmarkt und materiellem Wohlstand entstehen eigene Ansprüche. Das sind Treiber für besondere Bedürfnisse. Stellen Sie sich vor, Sie suchen als Jugendlicher nach einem geeigneten Job, der allerdings schwierig zu bekommen ist. Wo machen Sie Abstriche? Am Gehalt? Am Arbeitsklima? An der Tätigkeit? Möglicherweise sind Sie erst mal froh, überhaupt einen Job zu bekommen. Alles andere ist zweitrangig. Für die Zler ist es selbstverständlich, dass der Arbeitgeber die Dinge bietet, die Zler sich wünschen. Dass sie etwas Geeignetes finden, das gilt als selbstverständlich und nicht als etwas Besonderes.

Die Attraktivität eines Arbeitgebers wird heute bedeutend durch das Arbeitsklima bestimmt. Unsere Studie zeigt, dass ein angenehmes Arbeitsklima die wichtigste Erwartung der Generation Z an den Arbeitsplatz ist. Dinge wie Homeoffice oder die Innovativität einer Firma hingegen sind für die Generation Z unbedeutend. Das hat in den vergangenen Jahrzehnten sogar generationenübergreifend zugenommen.

Tabelle 3.3 Subjektive Bedeutung verschiedener Eigenschaften hinsichtlich Beruf und Arbeit

Frage: »Für wie wichtig halten Sie persönlich diese Merkmale für Ihre berufliche Arbeit?«	
(in absteigender Reihenfolge)	Bewertung als wichtig/sehr wichtig
Angenehmes Arbeitsklima	88,4 %
Interessante Tätigkeit	84,1 %
Sichere Berufsstellung	77,6 %
Weiterbildungsangebote	67,2 %
Gute Erreichbarkeit	65,0 %
Gute Aufstiegschancen	63,5 %
Verantwortliche Tätigkeit	55,5 %
Beruf mit viel menschlichem Kontakt	51,7 %
Beruf mit hohem Einkommen	48,7 %
Selbständige Tätigkeit	47,9 %
Anerkannter Beruf	46,6 %
Kreative Tätigkeit	39,4 %
Ein innovatives Unternehmen	38,3 %
Beruf mit viel Freizeit	35,3 %
n = 2235; Quelle: Erhebung Maas Beratungsgesellschaft mbH, 2018	

Wir stellten auch deutliche Unterschiede zur Generation Y fest, für die Karriere und Einkommen noch deutlich wichtiger war. Die Zler legen auch sehr viel Wert darauf, dass der Job mit der Familie und Freunden vereinbar ist. Feste Strukturen, also klare Arbeitszeiten und ebenso eine deutliche Abgrenzung zum Privatleben sind von oberster Priorität. Deshalb sollte die Privatsphäre der Zler respektiert und geachtet werden. Außerhalb der Arbeitszeiten sollte es eine Ausnahme sein, die Jugendlichen zu kontaktieren.

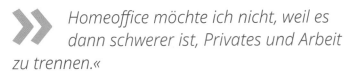

Homeoffice möchte ich nicht, weil es dann schwerer ist, Privates und Arbeit zu trennen.«

(Berufsschülerin Maria aus München,
Teilnehmerin unserer Studie)

Gedankenanstoß: Hierarchien und Strukturen

Menschen haben das Bedürfnis nach Sicherheit und Struktur. Sie streben aber auch nach Macht. Hierarchien erfüllen diese Bedürfnisse.

Der Begriff Hierarchie stammt ursprünglich aus dem religiösen Kontext. Hierarchie beschrieb die Rangordnung der Priester im antiken Griechenland. Der Priester, der den Göttern am nächsten war, also der Hierarch, hatte die Macht über die anderen Priester. Dieses Prinzip der Anordnung existiert, seit es Lebewesen gibt. Die Bedeutung hat sich im Grunde bis heute nicht grundlegend geändert. Hierarchie beschreibt lediglich, welche Position man im Vergleich zu anderen einnimmt. Dieser Vergleich mit anderen passiert ganz automatisch und ist oft schon Teil des ersten Eindrucks. Und das ist wichtig, denn jeder braucht diese Einordnung, um zu wissen, wie er sich verhalten muss und welche Reaktion er vom Gegenüber erwarten kann. Doch je flacher die Hierarchien, desto stärker ist die Grauzone, in der die Mitarbeiter sich ständig neu einordnen müssen.

Ein Widerspruch?

Für die Generation Z ist der Wert »ehrgeizig sein« wichtiger als für die Generation Y. Die Geschlechter der Generation Z haben sich hier angeglichen.

3.5 Generation Ungewissheit

Die Generation Z hat für den Moment gute Aussichten auf dem Arbeitsmarkt. Was die Jugendlichen aber auch wahrnehmen: Dass sich alles unfassbar schnell ändert. Gestern war noch Smartphone, heute sprechen alle über KI (Künstliche Intelligenz) bzw. AI (Artificial Intelligence), autonomes Fahren und 3-D-Druck. Bedeutet für den Arbeitsmarkt: Welchen Job soll man heute lernen und gibt es den noch in zehn Jahren? Was heißt das jetzt eigentlich mit dem Klimawandel? Sollte man nur noch ökologisch verantwortungsvoll hergestellte Produkte einkaufen? Machen die Erwachsenen doch auch nicht. Und kriegen wir das überhaupt hin? Die Welt und ihre Zukunft sind für die Generation Z hochkomplex. Ökologische Krisen gab es zwar auch schon vor 40 Jahren, Tschernobyl z. B. oder 1972 der Club of Rome, der auf die Grenzen des Wachstums aufmerksam machte. Damals war kurz vor zwölf. Aus Sicht der Generation Z ist die Zeit aber schon lange vorbei.

» *Adults keep saying, ›we owe it to the young people to give them hope‹. But I don't want your hope. I want you to panic. I want you to feel the fear I feel everyday. And then I want you to act ... I want you to act as if your house is on fire. Because it is.«*

(Greta Thunberg)

Artifizielle Intelligenz (AI) bzw. Künstliche Intelligenz (KI)

Ein Teilbereich der modernen Informatik, der sich mit maschinellem Lernen, dem künstlichen Generieren von Wissen, und automatisierten Prozessen beschäftigt. Ebenfalls beschäftigen sich die Neurowissenschaften, Psychologie, Philosophie, Logik, Linguistik und die Mathematik mit Künstlicher Intelligenz. Unterschieden wird generell zwischen schwacher und starker Künstlicher Intelligenz.

Bei der schwachen KI geht es meist um konkrete Anwendungsmöglichkeiten. Beispiele hierfür sind: Bild- und Spracherkennung, Navigationssysteme, Übersetzungsprogramme.

Bei der starken KI geht es um eine möglichst genaue Nachahmung menschlicher Intelligenz. Davon ist die derzeitige Forschung jedoch noch weit entfernt.

Zudem sinkt auch noch die Glaubwürdigkeit klassischer Medien. Fake News, Lügenpresse und ein twitternder US-Präsident. Selbst die »Tagesschau« ist keine Institution mehr. Online werden sogenannte alternative Fakten verbreitet – meist in Social-Media-Gruppen, in denen man größtenteils Bestätigung bekommt und selten ein Korrektiv.

3.6 Generation entscheidungsarm

Die Generation Z hat unglaublich viele Möglichkeiten. Frühere Jugendgenerationen haben durch Nasenpiercings, lange Haare und Tattoos provoziert und mit den vorherrschenden Normen gebrochen. Heute stört sich niemand mehr an irgendwas. Alles war schon irgendwie da. Keiner der Jugendlichen muss das arbeiten, was der Vater gearbeitet hat. Wer studieren möchte, kann das. Und irgendwas machen, womit man berühmt wird, geht sicher auch. Das sehen die Jugendlichen ja täglich auf Instagram. Wer als Mann Kindergärtner werden will, ist dort willkommen. Und wenn eine Frau Handwerkerin sein möchte, ist das auch gut. Das alles bietet unglaublich viele Möglichkeiten, sich selbst zu entfalten. Aber die Jugendlichen müssen sich auch entscheiden. Was möchten sie eigentlich im Leben und wie lange?

Instagram

Instagram ist ein in den USA 2010 gelaunchter Onlinedienst. Der Onlinedienst ermöglicht das Hochladen von Medien (Fotos, Videos), die eine Story bilden. Die Mitglieder haben wiederum »Follower« (dt. Anhänger oder Gefolgschaft), die die hochgeladenen Storys des Mitglieds verfolgen können. Die Gefolgschaft fühlt sich dadurch auf dem Laufenden gehalten. Sie bekommt ständig mit, was ihre jeweiligen Freunde, der Bekanntenkreis, ein Haustier, Unternehmen, Kollegen oder Celebrities – je nachdem, welcher Person oder Sache sie folgt – gerade treiben, was deren Lifestyle ist, was sie essen und welche Mode gerade angesagt zu sein scheint. Es geht dabei lediglich um das Visuelle. Neben den »normalen« Nutzern und »Followern« gibt es die Influencer (dt. Beeinflusser). Die Influencer lenken ihre Gefolgschaft in eine bestimmte Richtung und verdienen damit meistens Geld, indem sie z. B. Fotos/Videos mit bestimmten Markenkleidern, die sie tragen, hochladen. Bei Followern von Celebrities z. B. ist ein starker Konsumzuwachs der vom Influencer getragenen Marke zu vermerken. Das Wort hinter einem »Hashtag« »#« (dt. Rautezeichen oder Doppelkreuz) wird automatisch verlinkt und gilt als Sammelbegriff und Beschreibung des Fotos oder Videos. Der Link verknüpft sämtliche Medien mit diesem Sammelbegriff.

2012 wurde Instagram von Facebook mit einer Rekordsumme von einer Milliarde US-Dollar gekauft. Instagram hat Ende 2018 weltweit über eine Milliarde aktive Nutzer. Knapp 70 % der Nutzer sind weiblich. Mehr als 50 Milliarden Fotos wurden hochgeladen. Die beliebtesten Hashtags sind #Love, #Instagood, #Me, #Cute und #Follow. Pizza ist in Instagram das weltweit am häufigsten »hochgeladene« Essen, gefolgt von Sushi. Influencer verlangen bis zu 100 000 US-Dollar für einen gesponserten Beitrag.

Was, wenn der falsche Studiengang gewählt wird oder die Ausbildung nicht die richtige ist. Einerseits ist die Generation Z dadurch sehr pragmatisch: Es wird rational abgewogen, welche Bildungswege am besten verwertbar sind. Andererseits benötigen Jugendliche dadurch viel stärkere Leitplanken als alle anderen Generationen vor ihnen. Ansprechpartner, beste Freunde und Dauerberater hierfür sind die Eltern.

Weder für die Generation Z noch für die Eltern dieser Generation ist Abnabelung ein Thema!

Familie bedeutet für die Generation Z in erster Linie Sicherheit. Unsere Studie zeigt, dass die Bedeutung von Sicherheit und Familie für die Generation Z viel größer ist als für ihre Vorgängergenerationen. Das Verhältnis zwischen Eltern und Kindern hat sich stark gewandelt, vor allem in den letzten Jahrzehnten. Heute sind Eltern eher Coach, Berater und Freund als autoritäre Erziehungsberechtigte. Während viele Väter in den 50er-Jahren ihre Kinder nicht in den Arm nahmen, gehen sie heute in Elternzeit.

>> *Ich will gar nicht, dass meine drei Kinder ausziehen. Die können gerne bei uns bleiben. Ich finde das schön.*«

(Ein Generation-Thinking-Workshopteilnehmer
über seine Kinder, die zur Generation Z gehören)

Hohes Einkommen weniger wichtig?

Für die Generation Z ist ein »hohes Einkommen« weniger wichtiger als für Generation Y. Geschlechtsunterschiede fallen zu diesem Punkt in Generation Z deutlich höher aus als in Generation Y: Frauen ist in Generation Z ein »hohes Einkommen« deutlich weniger wichtig.

3.8 Generation verharren

Die Eltern sind heute die wichtigsten Verbündeten für die Jugendlichen. Diese Harmonie war früher kaum denkbar: Dass sich Jugendliche nicht bewusst von den Werten der Eltern abgrenzen. Dass sie sich eher daran orientieren, was konform ist, und die Wertvorstellungen der Eltern übernehmen. Soziologen nennen dies Neo-Konventionalismus. Wieso sollte sich die Generation Z von dem abwenden, was vorzufinden ist? Ihnen geht es gut. Die wirtschaftlich gute Lage spricht für sich, daran braucht man nichts zu ändern. Familiäre Rückzugsräume sind wichtiger geworden. Bereiche, in denen ein Gefühl der Beeinflussbarkeit und Übersichtlichkeit vermittelt wird, sind für die Jugendlichen extrem wichtig. Das ist vor allem für die »Offline-Welt«, also die realen sozialen Beziehungen der Generation Z wichtig. Wir halten es für falsch, online und offline strikt zu trennen, da sie im Alltag der Jugendlichen eng verflochten sind. Dennoch haben wir Verhaltensweisen beobachtet, die auf den ersten Blick widersprüchlich erscheinen können. Diese – vermeintlichen – Widersprüche lösen sich auf, sobald man die Lebenswelt der Generation Z offline und online gesondert betrachtet.

Neo-Konventionalismus

Jugendliche der Generation Z grenzen sich immer weniger gegenüber den Erwachsenen ab. Von ihnen wird keine Gegenkultur angestrebt. Ganz im Gegenteil, die Wertestruktur ähnelt sehr stark der der Elterngeneration. In der Koexistenz von verschiedenen Interessen und Lebensstilen in unserer Gesellschaft orientieren sich Jugendliche der Generation Z an dem Lebensstil der Eltern. Abgrenzungstendenzen zum Mainstream sind gering.

(Calmbach, M. et al. 2016, S. 475)

**»Fähigkeiten entfalten«
unverändert wichtig**

*Zu dem Punkt »Fähigkeiten entfalten«
gibt es zwischen der Generation Z und
Y keine nennenswerte Unterschiede.
Auch zwischen den Geschlechtern lässt
sich nichts Signifikantes feststellen.*

**Das Tablet spielt bereits
bei manchen Babys
eine große Rolle!**

Ich glaube an das Pferd. Das Automobil ist eine vorübergehende Erscheinung.«

(Wilhelm II., 1859 – 1941)

Dieses Zitat haben Sie sicherlich schon öfter gelesen. Wie konnte Kaiser Wilhelm II. sich gegenüber etwas verweigern, das so offensichtlich fortschrittlich war? Wieso hatte er etwas abgelehnt, das es nicht im Ansatz zuvor gegeben hat? Weil wir Dinge, die für uns das gesamte Leben gegeben waren, nicht sofort ablegen. Wir benötigen Zeit zum An- und Umgewöhnen. Was hat das mit der Generation Z zu tun? Für die Zler ist Digitalität gegeben. Sie sind die Digital Natives 2.0. Ihnen wird es nicht passieren, dass sie digitale Entwicklungen ablehnen. Für sie ist das Internet nicht wegdenkbar. Dafür würde die Fantasie nicht ausreichen. Jeder und alles ist vernetzt. Überlebenswichtig ist das Smartphone. Die maslowsche Bedürfnispyramide wurde sogar extra für die Generation Z an der Basis erweitert: mit Handy, Wi-Fi und ausreichend Akku. Das Digitale ist immer willkommen.

Ausreichend Akku und WLAN gehören für die Generation Z zu den zentralen Grundbedürfnissen.

Vernetzt zu sein, wird von den Jugendlichen nicht kritisch betrachtet. Wieso auch? Es war ja nie anders. Oder haben Sie während Ihrer Jugend Dinge hinterfragt, die total normal waren? Das Telefon oder den Fernseher z. B.? Wahrscheinlich nicht. Es war halt da. Und es wurde benutzt. Klar, viele Jugendlichen reflektieren und sagen: »Manchmal ist mein Smartphone ein ziemlicher Zeitfresser« oder: »Mehr Vernetzung wie jetzt ist gar nicht möglich.« Aktuelle Studien zeigen aber auch: Die Zler sind der Meinung, dass sie bereits maximal vernetzt sind.

Da die gesamte digitale Welt für die Generation Z absolut selbstverständlich ist, ist sie dem Fortschritt wohlgesonnen. Und weitaus offener für Technik. Aus Sicht der älteren Generationen vielleicht auch etwas naiver, wenn 31 % der Zwölf- bis

> **»** *Für mich geht es gar nicht ohne Insta. Da sind meine ganzen Freunde, was bringt es mir, wenn ich nicht mehr drin bin? Das ist, wie wenn ich auf eine einsame Insel gehen würde.«*
>
> (Abiturientin Lena aus München, Teilnehmerin unserer Befragung)

14-Jährigen in Deutschland derzeit sagen: »Eine Verbindung zwischen einem Körperteil und dem Internet wäre super.« Mit der Generation Z wird der Homo digitalis zur Realität.

Die dauerhafte Nutzung digitaler Medien hebt viele Raum- und Zeitgrenzen auf, die früher noch galten. Wer einen Film sehen möchte, muss nicht bis 20:15 Uhr am nächsten Abend warten. Er streamt ihn sofort. Wer jemanden kontaktieren möchte, schreibt sofort. Und fordert auch schnelle Antwort. Alles ist im Hier und Jetzt jederzeit abrufbar. Bedürfnisse können und wollen sofort gestillt werden. Das Ausweiten solcher Möglichkeiten widerspricht traditionellen Strukturen der Schule, die z. B. Ordnung und Verbindlichkeit einfordert. Verbindlichkeit ist für die Generation Z kein Ziel, sondern eine Herausforderung. Denn verbindlich sein lässt Tausende Handlungsmöglichkeiten auf wenige schrumpfen.

Durchschnittlich mehrere Stunden am Tag auf sozialen Netzwerken zu sein hat Auswirkungen. Die Generation Z ist stark visuell geprägt. Ständige Ablenkung, kurze Aufmerksamkeitsspannen und das schnelle Herausfiltern aus vielen Informationen beeinflussen deren Wahrnehmung. Sie ist hervorragend darin, möglichst schnell Inhalte zu filtern und zu beurteilen.

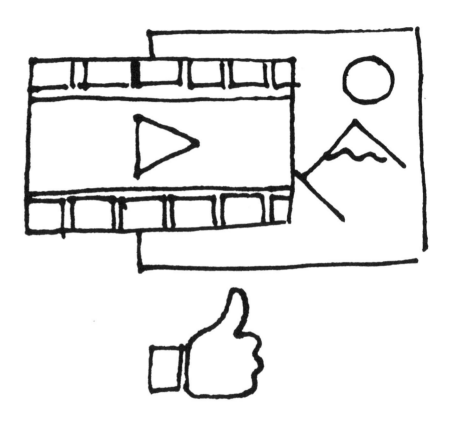

Bilder sagen mehr als 1000 Worte! Das gilt im besonderen Maße für die Generation Z.

3.10 Generation führungslos im digitalen Dschungel

Wer leitet diese Generation im digitalen Dschungel an und gibt ihr Werkzeuge zur Hand? Die Eltern sind es nicht. Sie haben begrenztes Erfahrungswissen und sind teilweise mit der digitalen Welt überfordert. In digitalen Dingen sind die Zler den älteren Generationen in vielen Fällen längst überlegen. Erwachsene, die sich der digitalen Welt verschließen, verlieren den Anschluss an die Welt der Generation Z. Für die Jugendlichen sind solche Fälle Grenzgänger in Parallelwelten, die nach anderen Mustern funktionieren. Die Unterschiede sind gewaltig. Dadurch schaffen sich die Jugendlichen eigene Welten. Und sammeln ihre eigenen Erfahrungen.

Sonntag, 19:00 Uhr. Sie sind in München im Urlaub. Städtetrip. Das Restaurant, in dem Sie sind, ist hochpreisig. Sie bestellen, das Essen kommt. Sieht super aus. Nicht nur für den Magen, sondern auch fürs Auge ansprechend zubereitet. Was tun Sie? Essen natürlich! Oder? Falsch! Sie halten den Moment fest. Das ist ein Ort mit guter Instagramability. Sie machen ein Foto mit Ihrem Smartphone und laden es sofort hoch. Zum Beispiel auf Instagram. Dort versehen Sie es mit einer ansprechenden Bildunterschrift: #healtyfood #instafood #lovelife #travel #foodporn. Es wäre fatal, diesen Moment auszulassen und nicht für seine Eigenvermarktung zu nutzen. Essen ist nun kalt. Egal, 240 Likes bekommen.

Instagram ist für mich das Tor zur Welt. Ich liebe es einfach.«

(Schülerin Kathie aus Emden, 17 Jahre alt, Teilnehmerin unserer Befragung)

Durch soziale Netzwerke schafft die Generation Z einen digitalen Avatar, der nur bedingt mit dem realen Leben zu tun hat. Es ist klar, dass man online nichts teilt, das einen schlecht aussehen lässt. Auch nichts, was nur normal ist. Wieso denn auch? Singularität – das Besondere und Einzigartige entspricht dem Zeitgeist. Wer lässt sich mit Massenprodukten abspeisen und möchte mit einem Kollektiv verschmelzen? Die Generation Z sicher nicht. Das Besondere ist der Maßstab. Und noch nie konnte man sich online so gut selbst vermarkten.

Facebook ist voll planlos, da ist niemand mehr von meinen Freunden. Alle sind bei Insta.«

(Schüler Carlo aus Bad Boll, 15 Jahre alt, Teilnehmer unserer Befragung)

Instagramability

In erster Linie bezeichnet Instagramability die Vermarktung eines besonderen (schönen, coolen, einzigartigen) Ortes auf der Welt, an dem sich der User gerade befindet. Das Ziel dabei ist aber eher, sich selbst – durch ein Foto an diesem Ort – zu vermarkten und sich letztendlich als etwas Besonderes darzustellen. Der Ort ist nur Mittel zum Zweck.

Tabelle 3.4 Einschätzung von Social-Media-Aktivitäten eines potenziellen Arbeitgebers

Frage: »Wie finden Sie es, wenn sich Ihr möglicher Arbeitgeber auf folgenden Plattformen präsentiert?«						
	finde ich sehr schlecht	finde ich schlecht	finde ich nicht gut	finde ich okay	finde ich gut	finde ich sehr gut
Messe	2,9%	2,3%	3,0%	23,6%	41,9%	26,2%
Jobportale	3,9%	2,1%	3,6%	21,3%	37,2%	31,8%
Firmenwebseite	1,6%	1,2%	1,0%	9,5%	27,7%	59,0%
Stellenanzeigen in der Zeitung	3,3%	4,6%	7,6%	35,1%	35,2%	14,1%
Snapchat	38,0%	22,6%	18,4%	6,7%	7,1%	7,1%
Instagram	21,6%	19,4%	21,0%	12,3%	14,4%	10,4%
Facebook	23,3%	9,3%	13,1%	18,7%	23,9%	11,7%
n = 2199; Quelle: Erhebung Maas Beratungsgesellschaft mbH, 2018						

3.11 Generation besonders sein

Die Kehrseite davon ist die Kluft zwischen Realität und Online-profil. Je größer die Kluft, desto größer das Zerrbild, desto weniger kann in der Realität das eingehalten werden, was online gezeigt wird. In extremen Fällen führt das zu einer tiefen Unzufriedenheit. Soziale Netzwerke wollen ihre User möglichst lange auf der Plattform halten. Mehr Aufenthalt, mehr Daten, mehr Werbung, mehr Geld. So ist die Wertschöpfung. Was dahintersteckt, nennt sich Addictive Design. Hochgeladene Bilder bekommen sofortiges Feedback. Dafür gibt's Likes im Gegenzug. Unser Gehirn belohnt uns dafür mit Dopamin, was sich gut anfühlt. Likes bekomme ich nur für besondere Dinge. Sie sehen sicherlich den Zusammenhang: Nur wer Besonderes postet, bekommt Bestätigung und Anerkennung. Die wenigsten Menschen machen ständig besondere Dinge. Sich online deutlich besser, interessanter, schöner darzustellen, ist die logische Folge.

Ein »aufregendes Leben« führen

Der Generation Z, vor allem den männlichen Befragten, ist ein »aufregendes Leben« wichtiger als der Generation Y. Die Geschlechtsunterschiede in der Generation Z sind dabei deutlich höher als in der Generation Y.

Das ist die Lebenswelt der Generation Z. Je nachdem, wie alt Sie selbst sind, wird Ihnen diese Lebenswelt fremder oder auch vertrauter vorkommen.

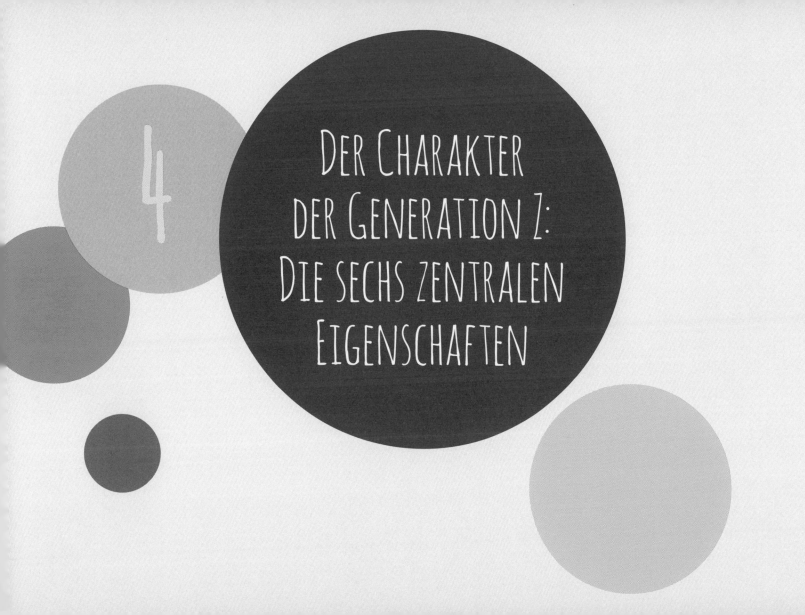

4

Der Charakter der Generation Z: Die sechs zentralen Eigenschaften

» *Wer etwas Großes will, der muss sich zu beschränken wissen, wer dagegen alles will, der will in der Tat nichts und bringt es zu nichts.*«

(Georg Wilhelm Friedrich Hegel, ca. 1770 – 1831)

Neben unserer Studie stellten wir Fokusgruppen zusammen, um unsere Erkenntnisse zu vertiefen. In diesen moderierten Fokusgruppen luden wir Jugendliche der Generation Z ein, um noch mehr über deren Ansichten und Wünsche zu erfahren. Alle Dinge, über die wir noch mehr erfahren wollten, diskutierten wir in diesen Gruppen ausführlich. Die folgenden sechs Eigenschaften der Generation stellen letztlich die Essenz all unserer Forschungen dar. Sie verdichten den Charakter einer Generation auf wenige Punkte.

4.1 Selbstbewusst

➤ Die Zler blicken positiv auf den Arbeitsmarkt der Zukunft. Unabhängig vom Bildungsstand. Sie wissen, dass der demografische Wandel ihr Mitstreiter ist. Viele denken, die Führungsposition kommt von alleine. Auch ohne große Anstrengung.

4.2 Familien-orientiert

➤ Junge Menschen haben gefühlt unendliche Möglichkeiten und können alles werden. Deshalb benötigen sie Leitplanken. Die gibt ihnen die Familie. Die Eltern beraten, coachen, unterstützen. Sie sind die wichtigsten Verbündeten. Sie erleichtern es, den richtigen Weg zu finden.

4.3   Online individualistisch

> ➤ Nur das Besondere zählt. Niemand möchte alltäglich sein. Deshalb gibt es in sozialen Netzwerken keine Likes für Normales. Das hat die Generation Z vor allem auf den sozialen Netzwerken verinnerlicht. Vermarkte dich einzigartig, und du wirst anerkannt.

4.4 Offline konservativ

➤ Außerhalb sozialer Netzwerke möchte die Generation Z ein normales Leben führen. Mainstream ist kein Schimpfwort. Je schneller sich die Umwelt verändert, desto wichtiger sind Strukturen. Ein Rückzugsraum, in dem Normalität herrscht. Die Wertvorstellungen der Eltern werden übernommen.

4.5 Ungeduldiger

▶ Wenn Sie ein Produkt haben wollen: Same-Day-Delivery. Wenn Sie einen Film sehen wollen: An Ort und Stelle streamen. Wenn Sie nach Partnern suchen: Auf der Stelle Singles in der Umgebung sichten. Die aktuellsten Nachrichten: Per Liveticker verfolgen. Das hochgeladene Bild vom Frühstück: Vier Kommentare und zehn Likes morgens um 9:30 Uhr.

Bedürfnisse sofort befriedigen, auf Aktion sofortige Reaktion. Das entspricht dem Zeitgeist. Die Generation Z kennt es nicht anders.

Das macht sie ungeduldiger.

4.6 Digital versiert

> Die Zler sind Profis in der digitalen Welt. Klar. Das Smartphone ist die dritte Hand. Eine Welt ohne Internet ist nicht denkbar, dafür reicht die Fantasie nicht aus. Die Generation Z ist von Geburt an digital. Sie hat dadurch die Fähigkeit erworben, in Sekundenschnelle Inhalte zu sichten, zu filtern und zu bewerten.

Das beeinflusst lesen, lernen und entscheiden.

5

Die 27 Empfehlungen für den Umgang mit der Generation Z

Auf Basis all unserer Forschungsergebnisse und Beratungserfahrungen haben wir die 27 konkreten Empfehlungen für die Personalarbeit herausgearbeitet. Diese gelten branchenunabhängig und für alle Unternehmen in Deutschland. Bewusst sind die 27 Empfehlungen wie der klassische Personalgewinnungsprozess aufgebaut: vom Personalmarketing über das Bewerbungsgespräch bis hin zum Onboarding.

Employer Branding

Employer Branding (dt. Arbeitgebermarkenbildung) ist ein Konzept, um das Unternehmen attraktiver für (potenzielle) Arbeitnehmer darzustellen. Die Personalrekrutierung muss heute andere Wege gehen als noch vor ein paar Jahren. Das betrifft vor allem die Unternehmen, die besonders unter dem Fachkräftemangel leiden. Wer heute z. B. gute Vertriebsmitarbeiter, Auszubildende oder Ingenieure sucht, muss sich etwas einfallen lassen, um auch latent Suchende anzusprechen. Wer die richtigen Maßnahmen zum Personalmarketing durchführen will, muss vorher eine klare Botschaft formulieren, die die gewünschte Zielgruppe zur richtigen Zeit anspricht.

Für ein sinnvolles Employer Branding ist die Analyse der bestehenden Arbeitgebermarke zentral, um diese authentisch zu etablieren. Die tatsächlich bestehenden Arbeitgebereigenschaften müssen im Rahmen einer Befragung sowohl von Mitarbeitern als auch Führungskräften erfasst werden. Parallel muss die Zielgruppe im Hinblick auf ihre Erwartungen an einen Arbeitgeber recherchiert werden. Als Drittes steht die Positionierung der Wettbewerber auf der Agenda. Danach gilt es, alle Komponenten in Relation zueinander zu setzen: Von den Stärken, über die die Mitarbeiter berichten, werden die abgezogen, die für die Zielgruppe nicht relevant sind und die kein Differenzierungsmerkmal zur Konkurrenz darstellen. Zurück bleiben drei bis fünf zentrale Botschaften, die authentisch, relevant und differenzierend sind. Erst dann beginnt der kreative Umsetzungsprozess zur internen und externen Kommunikation.

» *Nein, nicht gering ist die Zeit,*
die uns zu Gebote steht; wir
lassen nur viel davon verloren gehen.«

Lucius Annaeus Seneca (ca. 4 v. Chr. – 65 n. Chr.)

5.1 Personalmarketing & Recruiting

1. Überzeugen Sie innerhalb von fünf Sekunden

Wo gab es früher Werbung? Auf Plakaten und im Fernsehen. Wo ist heute Werbung? Überall im Internet. Zler sind durchschnittlich fünf Stunden am Tag auf sozialen Netzwerken. Sie entsperren über 150-mal das Smartphone. Das heißt ohne Ende Werbung auf Instagram, Snapchat und Co. Das steht nur durch, wer im digitalen Dschungel gelernt hat, Werbung ruckzuck zu beurteilen. Stellen Sie sich darauf ein. Mehr als fünf Sekunden geben Ihnen die Zler nicht. Und das ist schon viel. Wenn Sie also nicht durch den Z-Filter fallen wollen – fassen Sie sich kurz.

Snapchat

Snapchat (Snap, dt. Schnappschuss) der Firma Snap Inc. ist eine kostenfreie App aus den USA. Auf der Firmenhomepage beschreibt Snap Inc. sich als Unternehmen, »bei dem sich alles um die Kamera dreht« (übersetzt aus *https:// investor.snap.com/company-profile*). Dies ist etwas irreführend. 2012 beschrieb Evan Spiegel (CEO von Snap Inc.) die Unternehmensphilosophie im Snap-Blog (übersetzte Version): »Bei Snapchat geht es darum, den vollen Umfang menschlicher Emotionen zu transportieren – nicht nur, was hübsch oder perfekt zu sein scheint« (*https://www.snap. com/en-US/news/post/lets-chat/*).

Die App ermöglicht es, Mediennachrichten (Fotos, Videos) an Freunde zu schicken. Das Besondere dabei ist, dass die geschickten Nachrichten nur wenige Sekunden sichtbar sind und sich dann selbst löschen. In anderen Worten: Es werden Storys verschickt, die eine extreme Kurzlebigkeit haben – die Kommunikation ist dadurch sehr lebendig. Snapchat nutzt auch den Vorteil, dass, durch die Kurzlebigkeit, Storys verschickt werden, die in anderen Medien niemals verschickt werden würden. Auch sämtliche Stars und Sternchen nutzen diesen Dienst aktiv. Die Anzahl täglich aktiver Snapchat-Mitglieder belief sich im vierten Quartal 2018 auf weltweit über 186 Millionen (7. April 2019: *https:// www.statista.com/statistics/545967/snapchat-app-dau/*).

Mehr als 400 Millionen Snapchat-Storys werden täglich kreiert. Aktive Snapchatter öffnen die App 25-mal jeden Tag. Es würde zehn Jahre brauchen, um alle Fotos anzusehen, die in der letzten Stunde auf Snapchat geteilt wurden. Nachdem in dieser Zeit alle gesehen wurden, würden weitere 880 000 Jahre an Fotos geteilt werden. Mehr als 20 000 Fotos werden jede Sekunde geteilt (7. April 2019: *https:// www.omnicoreagency.com/snapchat-statistics/*).

2. Zeigen Sie sich nicht von gestern

Mag ja sein, dass Sie von Digitalisierung und Künstlicher Intelligenz nicht viel halten. Dass Sie glauben, dass es sich nur um einen Hype handelt, der für Sie keine Rolle spielt. So wie der Vorstand eines Wirtschaftsverbandes, der von »Geschwätz« spricht oder sagt: »Ist doch alles Mist.« Falls Sie das auch finden: Behalten Sie es einfach für sich! Die Zler nehmen Sie sonst nicht ernst. Die Yler übrigens auch nicht. Und vielleicht sogar die allermeisten Xler. Sie wirken wie ein Dinosaurier. Denn Fortschritt lässt sich nicht aufhalten. Und der Fortschritt kommt durch Digitalisierung und Künstliche Intelligenz. Also: Nehmen Sie die Zukunft an. Hören Sie zu, setzen Sie um. Umarmen Sie die Zukunft.

3. Schalten Sie keine Stellenanzeigen auf Social-Media-Kanälen

Stellen Sie sich vor, Firmenvertreter klingeln täglich an Ihrer Haustür, um für sich zu werben. Sie würden wohl denken: »Was haben die hier zu suchen?!« Ähnlich ist es für die Jugend, wenn Arbeitgeber über Social-Media-Kanäle nach Personal suchen. Das sind private Netzwerke, auf denen mit Freunden kommuniziert wird. Und auf denen sich die Jugend über Lifestyle-Themen informiert. Deshalb sagen über 80 % der Jugendlichen: Wenn Arbeitgeber auf sozialen Netzwerken um Personal werben: Geht gar nicht!

Also besinnen Sie sich auf die klassischen Kanäle: Bewerberportale, Jobbörsen und Messestände.

4. Seien Sie schnell

Die Ausbildung beginnt im September. Früher haben sich Jugendliche schon im Juni beworben. Heute kommen Bewerbungen zwei Wochen vor Ausbildungsbeginn rein. Wieso? Die Zler halten sich alle Optionen offen. Erwarten aber eine schnelle Reaktion. So wie sie es in der digitalen Welt gewohnt sind. Was die Zler online posten, wird von Freunden sofort kommentiert, gelikt, gehypt. Onlinebestellungen zeigen, wann, wie, wo die Lieferung gerade ist. Denken Sie deshalb wie ein digitaler Dienstleister: Nur wenn Sie sofort auf eine Bewerbung reagieren, signalisieren Sie, dass sie Ihnen wichtig ist. Zeigen Sie auch – so wie es ein guter digitaler Dienstleister machen würde – wie der Bewerbungsprozess abläuft: Wie lange dauert die Bearbeitung? Wer wird sich melden? Und seien Sie schnell!

5. Lassen Sie den Bewerber nicht dreimal kommen

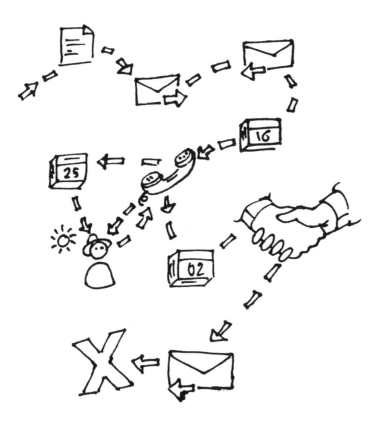

Bewerbung, Assessment, Gespräch, Essengehen – viele Firmen lassen ihre Bewerber mehrfach antanzen. Das ist oft weniger dem Personalprozess geschuldet als einer schlechten Planung. Zum Beispiel: »Der Chef möchte Sie noch kennenlernen, können Sie bitte noch mal kommen?«

Zler sind jung und sehen es nicht ein, mehrfach zum Arbeitgeber zu fahren. Die Bewerbung ist kein Eiertanz, dazu sollten maximal zwei Termine reichen. Überreizen Sie es, verlieren Sie Ihren Bewerber.

Jede Generation mit ihren besonderen Eigenschaften wertschätzen

Befolgen Sie diese Empfehlungen, und Sie können die Nachwuchskräfte, die Generation Z für sich gewinnen. Nebenbei dürfen Sie die anderen Generationen Y und X nicht vernachlässigen. Deshalb bleibt es wichtig, die unterschiedlichen Generationen und deren Lebenswelten zu kennen.

6. Schreiben Sie keinen Einheitsbrei

Gefühlt 90 % der Unternehmen schreiben Ihre Stellenanzeigen gleich. Zum Beispiel so: »Wir bieten eine abwechslungsreiche Tätigkeit in einem sympathischen Team, flexible Arbeitszeiten und eine leistungsgerechte Vergütung.« Vielleicht lobt das Unternehmen dann noch seine »strategische Perspektive mit klarem Blick für das Machbare«. Fühlen Sie sich davon angesprochen? Die Zler erst recht nicht. Die sind es gewohnt, aus Unmengen von Meldungen das für sie Wichtige zu filtern. Sie spüren, ob sie ernst genommen werden oder ob es sich um reines Marketingblabla handelt. Seien Sie deshalb aufrichtig. Fragen Sie sich, was Sie wirklich zu bieten haben. Worin Sie besser sind als andere. Sprechen Sie als Mensch zu Menschen.

7. Lassen Sie Transparenz zu

Berücksichtigen Sie, dass Zler sich ihre Meinung durch Gleichgesinnte bilden. Ermöglichen Sie deshalb z. B. Chat-Gruppen, durch die Bewerber Kontakt zu Ihren Beschäftigten aufnehmen können. Da schreibt dann vielleicht ein Bewerber in die Gruppe: »Hallo, ich bin der Markus. Wie sieht denn bei euch ein normaler Arbeitstag aus?« Als Antwort kommt vielleicht von einem Zler aus Ihrem Unternehmen eine für die Generation Z authentische Antwort.

Aber auch ein Kennenlerntag von Azubis für Azubis, ein virtueller Rundgang von Azubis für Azubis, ein Messestand von Azubis für Azubis macht einfach Sinn.

8. Sprechen Sie nicht Y an, wenn Sie Z wollen

Generation Y legt Wert auf flexible Arbeitszeiten. Homeoffice – gerne! Dadurch lassen sich Arbeit und Familie gut vereinbaren. Die Generation Z will davon nichts hören. Zler sagen: »Ich will die Arbeit nicht mit nach Hause nehmen.« Sie bestehen darauf, dass ihre Freizeit respektiert wird. Das heißt: Keine Mails in der Nacht. Die Nacht gehört ihnen. Work-Life-Separation.

Alle beeinflussen sich gegenseitig

Die jeweiligen Generationen haben aufeinander Einfluss. Themen der Generation Y, wie z. B. Homeoffice, hatten Auswirkungen auf die Generation X. In der IT-Branche ist Homeoffice ein absolutes Muss. Auch die Generation Z und ihre Forderungen werden in bestimmten Bereichen einen Einfluss auf ihre älteren Kollegen haben. Es bedingt sich somit alles in beide Richtungen.

9. Bauen Sie keine Hürden auf – außer, Sie veranstalten einen Hürdenlauf

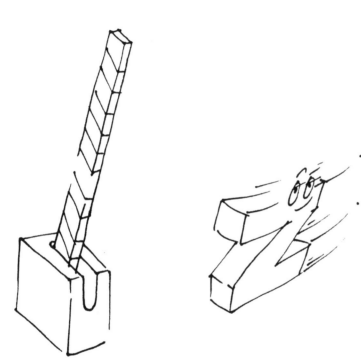

Was halten Sie davon, dass ein von Ihnen gesuchter Social-Media-Experte seine Bewerbung nicht digital per Mail abgeben darf, sondern nur analog per Post? Eigentlich undenkbar, aber geschieht so immer noch in vielen Unternehmen.

Sie verfügen z. B., dass eine Bewerbung nicht größer als 5 MB sein darf. Das ist kritisch. Denn oft ist schon allein das professionelle, hochaufgelöste Bewerbungsfoto größer. Der Bewerber müsste also sein liebevoll optimiertes Foto komprimieren. Dafür haben die Zler weder Zeit noch Verständnis. Wir können Ihnen nur dringend empfehlen: Entfernen Sie solche Hürden umgehend. Bieten Sie eine Mailadresse oder ein Upload-Fenster für Dateien an – ohne Beschränkung. Lassen Sie den Bewerbungsprozess von jemandem überprüfen, der up to date ist. Wenn das keiner von Ihnen ist, dann vielleicht von Ihren Kindern.

10. Denken Sie die Eltern Ihrer Bewerber mit

Haben Ihre Eltern für Sie nach Jobs gesucht? Die Stellenanzeige für Sie durchgelesen? Das Anschreiben für Sie verfasst? Den Lebenslauf gestaltet? Einen Termin beim Arbeitgeber ausgemacht? Sie zum Bewerbungsgespräch gefahren? Undenkbar, aber bei den Zlern ist das so!

Der Einfluss der Eltern auf die Zler ist enorm. Gehen Sie deshalb immer davon aus, dass Sie auch die Eltern überzeugen müssen. Heutzutage ist es normal, dass auf Berufsmessen Jugendliche zusammen mit ihren Eltern kommen. Die Eltern informieren sich, die Kinder stehen daneben und schweigen. Richten Sie das Wort an sie, ernten Sie ein Achselzucken. Die Eltern entscheiden, welcher Arbeitgeber für ihren Fynn oder ihre Anna infrage kommt. Sie müssen also immer die Eltern für sich gewinnen. Zum Beispiel, indem Sie Eventtage anbieten, bei denen jeder kommen kann. Auch die Eltern.

11. Stellenausschreibungen müssen mit maximal zwei Klicks erreichbar sein

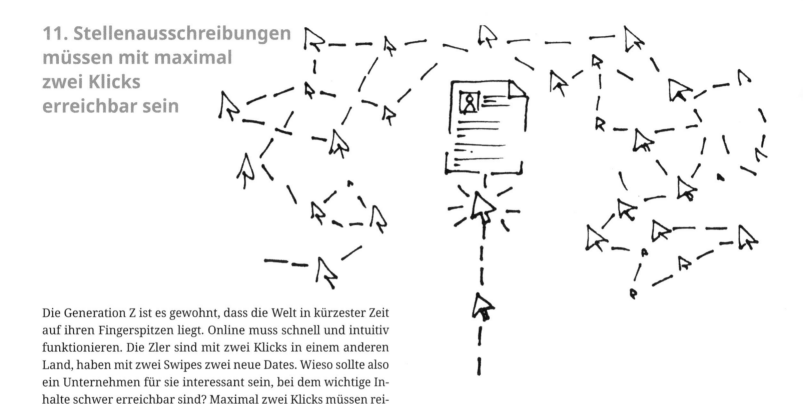

Die Generation Z ist es gewohnt, dass die Welt in kürzester Zeit auf ihren Fingerspitzen liegt. Online muss schnell und intuitiv funktionieren. Die Zler sind mit zwei Klicks in einem anderen Land, haben mit zwei Swipes zwei neue Dates. Wieso sollte also ein Unternehmen für sie interessant sein, bei dem wichtige Inhalte schwer erreichbar sind? Maximal zwei Klicks müssen reichen, um checken zu können, was läuft. Alles andere ist langsam.

Deshalb: Packen Sie Ihre Stellenanzeigen direkt auf die erste Seite. Gliedern Sie die Stellenangebote auf Ihrer Jobseite übersichtlich. So können sich die Bewerber schneller informieren.

Tinder/Swipen

Tinder ist die größte mobile Dating-App der Welt und wurde 2012 in den USA gelauncht. Tinder (dt. Zunder) verwendet Standorte, um Mitglieder in der näheren Umgebung zusammenzubringen. Die App machte das »Swipen« (Wischen) populär. Es erlaubt den Mitgliedern, auf Profilbildern nach rechts zu wischen, wenn sie das Bild attraktiv finden, und nach links, falls nicht. Wenn beide Mitglieder auf den jeweiligen Bildern nach rechts wischen, ist das ein »Match« (Gegenstück). Vermutlich ist »Match« auch als Synonym für das Streichholz zu verstehen. Sozusagen: Der Funke ist übergesprungen. Bei einem Match können sich die Mitglieder dann gegenseitig Nachrichten schreiben. Mittlerweile hat Tinder seit Launch über 46 Millionen Mitglieder und über 4,3 Millionen zahlende Mitglieder. Laut Tinder gibt es über zwei Milliarden Aufrufe pro Tag, eine Million Dates pro Woche, über 30 Milliarden Matches gesamt in über 190 Ländern (7. April 2019: *https://www.gotinder.com/press?locale=de*).

12. Personaler müssen sichtbar sein

Wer nimmt bei Ihnen die Bewerbung entgegen? Mit wem wird der Bewerber den ersten Kontakt haben? Wer wird der Vorgesetzte des Bewerbers? Diese Fragen können Sie im Voraus beantworten. Der Bewerber fühlt sich dann gleich vertraut. Geben Sie ihm nicht nur diese Antworten, nein, gehen Sie noch einen Schritt weiter und stellen Sie sich aktiv bei ihm vor. Die Person, die in der Stellenanzeige als Ansprechpartner genannt ist, muss einfach auf Ihrer Internetseite gefunden werden können und mit einem Bild versehen sein. In der ersten Mail an den Bewerber müssen Sie sich vorstellen und Ihre Rolle und Position im Unternehmen klarmachen. Außerdem sollte ein grafischer Plan über den gesamten Bewerbungsprozess mit Zeitplan, teilnehmenden Personen und benötigten Unterlagen an den Bewerber gesendet werden. So schaffen Sie eine Orientierung und ein gutes Gefühl beim Bewerber.

Schaffen Sie Nähe, indem Sie für jeden wichtigen Ansprechpartner im Unternehmen eine eigene Internetseite mit Bild und einem persönlichen Text erstellen.

Recruitainment

Recruitainment setzt sich aus den beiden englischen Wörtern Recruiting und Entertainment zusammen. Klassische Elemente der Bewerberauswahl werden hier also mit unterhaltsamen Elementen vermischt. Recruiting soll kein eintöniger Vorgang bleiben, sondern dem Bewerber Spaß machen. Einblicke in das Unternehmen werden gewährt. Es wird eine erste Bindung aufgebaut. Recruitainment bedeutet nicht nur, einen spannenden Rahmen für eine erste Kontaktaufnahme oder ein Treffen zu schaffen. Recruitainment kann in der Berufsorientierung, einem Online-Assessment und bei Firmenevents angewendet werden. Es kann z. B. sowohl online in Form einer virtuellen Messe, in der das Unternehmen sich vorstellt und die Bewerber Fragen stellen, als auch offline in einem Firmenevent stattfinden. Ein gelungenes Recruitainment kann außerdem den Bekanntheitsgrad erhöhen.

5.2 Im Bewerbungsgespräch

13. Überstunden klar regeln

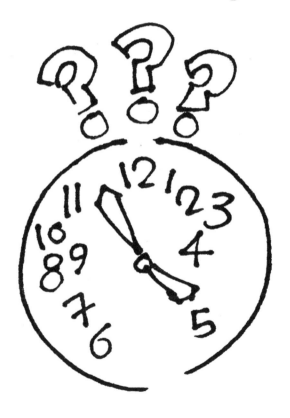

Die Generation Y hat sich noch durch unbezahlte Praktika ge- quält. Auch unbezahlte Überstunden akzeptierte sie. Der Erfah- rung zuliebe, tröstete sie sich. Zler haben das beobachtet und gelernt: Harte Arbeit und Loyalität schützen nicht davor, entlas- sen zu werden. Das Geben ist oft nur eine Einbahnstraße.

Die Zler sehen Arbeit deshalb pragmatisch: Zeit für Geld. Und deshalb möchten Sie vor dem ersten Arbeitstag genau wissen, wie mit Überstunden umgegangen wird. Wenn wer ausgenutzt wird – der Zler ist es nicht.

Primacy- und Recency-Effekt

Die Primacy- und Recency-Effekte sind zwei typische Mechanismen der menschlichen Informationsverarbeitung. Der Mensch muss täglich eine Vielzahl von Informationen filtern und verarbeiten. Deshalb bleiben oft nur die ersten (Primacy) und die letzten (Recency) Informationen im Gedächtnis hängen. Das heißt: Starke Argumente besonders am Anfang oder am Ende eines Gesprächs präsentieren, schwache eher in die Mitte. Machen Sie zu Beginn und am Ende des Bewerbungsprozesses auf sich aufmerksam, damit der Bewerber denkt: »Das hat mir gleich gefallen« bzw.: »Der letzte Punkt hat mich zusätzlich überzeugt.«

14. Ein Tschüss reicht nicht – geben Sie Bewerbern etwas mit auf den Weg

Verkehrte Welt. Früher bewarben sich die Bewerber bei Ihnen. Es waren viele, sehr viele. Wenn Ihnen die Briefmarke auf dem Umschlag mit den Bewerbungsunterlagen nicht gefiel, warfen Sie die Bewerbung einfach weg. Oder Ihnen passte ein Name nicht. Oder das Alter. Es gab ja noch genug andere Bewerber. Und heute? Da sind Sie derjenige, der sich bewirbt. Um die Gunst der Bewerber. Nehmen wir mal an, ein Bewerber gefällt Ihnen. Sie würden ihn nehmen. Aber er auch Sie? Wahrscheinlich hat er bereits unzählige andere Bewerbungsgespräche hinter sich. Also machen Sie einen Unterschied. Schicken Sie ihm danach Ihre Bewerbungsmappe. Indem Sie den Bewerber persönlich ansprechen, ihm fürs Kommen danken, ihm sagen, wie sehr Sie das Treffen überzeugt hat und warum gerade Sie sich als geeigneten Arbeitgeber für ihn sehen. Damit hinterlassen Sie einen bleibenden, weil nicht digitalen, Eindruck.

15. Sprechen Sie nicht X an, wenn Sie Z wollen

Generation X interessiert sich beim Bewerbungsgespräch noch am ehesten für dicke Dienstwagen und für Miles and More. Dafür ist den Xlern auch keine Arbeit zu viel. Du musst 100 000 Kilometer im Jahr fahren. Kein Problem. Den Xlern kann man mit Statussymbolen und viel Arbeit kommen.

Bei der Generation Z zieht nichts davon. »Dienstwagen«, wie hört sich das schon allein an. Und Spritfresser: Erst recht nicht. Was sie wollen: Sicherheit. Also unbefristete Arbeitsverträge. Und dass ihre Freizeit respektiert wird. Das heißt: Keine Mails in der Nacht.

Haloeffekt

Das menschliche Gehirn muss täglich viele komplexe Aufgaben durchführen. Deshalb hat es nicht Zeit, immer alles neu zu hinterfragen. Wenn es einmal eine Annahme über etwas hat, dann bleibt diese auch so. Liest ein Bewerber negative Bewertungen über Ihr Unternehmen, strahlen diese negativen Worte über den gesamten Bewerbungsprozess und verzerren die Wahrnehmung des Bewerbers. Das ist der Halo- oder Strahleffekt. Von bekannten Eigenschaften wird automatisch auf unbekannte geschlossen. Dieser Effekt muss im gesamten Prozess, aber auch danach berücksichtigt werden. Fragen Sie deshalb auch gezielt den Bewerber nach negativen Punkten, die ihn beschäftigen, und räumen Sie diese aus.

16. Behandeln Sie selbst die schlechtesten Bewerber gut

Machen wir uns nichts vor. Manchmal kommen Bewerber, die man einfach nicht einstellen möchte. Dass Sie zu diesen vielleicht nicht so freundlich sind wie zu anderen, liegt in der menschlichen Natur. Aber Vorsicht! Früher kamen kaum Reaktionen auf Absagen. Heute gibt es das Internet. Auf Bewertungsportalen können abgelehnte Bewerber ihren Frust ablassen – und tun es auch. Die Generation Z nutzt diese Bewertungsportale aktiv. Ob Kritik gerechtfertigt ist oder nicht, ist egal. Was im Internet steht, steht im Internet. Die Folgen davon bekommen Sie bei der weiteren Personalsuche zu spüren. Der Ruf Ihres Unternehmens ist beschädigt (siehe Haloeffekt).

Es reicht also nicht mehr, nur nett zu sein. Behandeln Sie jeden Bewerber so, als würden Sie ihn gerne einstellen. Das erzeugt ein positives Gefühl, eine positive Erinnerung.

5.3 Der Onboarding-Prozess

Onboarding

Onboarding – ein Begriff aus dem Personalmanagement – beschreibt den Prozess einer guten, soliden und schnellen Einarbeitung neuer Mitarbeiter. Ziele des Onboarding-Prozesses sind: schnelles Erledigen der Eingangspflichten (z. B. Schlüsselübergabe, Dokumente übergeben/abzeichnen, HR-Pflichten), guter erster Eindruck als Arbeitgeber, Vermitteln der firmeninternen Regeln und Abläufe, schneller Einstieg und Bekanntmachung mit allen relevanten Personen und Prozessen. Das Begleiten des neuen Mitarbeiters festigt die Bindung und lässt ein positives Employer Branding entstehen. Dies setzt einen strukturierten und fairen Aufnahmeablauf für alle Hierarchiestufen voraus.

17. Kleine Geschenke begründen eine Freundschaft

In der Psychologie spricht man von der Macht des ersten Eindrucks. Der ist so stark, dass er alles danach überschatten kann. Der erste Tag im neuen Job: Die Bewerberin ist neugierig und möchte sich beweisen. Ist aber auch unsicher und kennt die Kollegen nicht. Der Einstieg ist entscheidend: Steht auf ihrem Schreibtisch noch ein Foto der Familie ihres Vorgängers? Und in der Schublade liegt ein gebrauchtes Taschentuch? Oder zeigt man ihr, dass sie willkommen ist? Zum Beispiel durch eine Willkommenskarte, auf der die Kollegen unterschrieben haben. Kleine Geste – große Wirkung.

#
#New beginning
#1stDay # Geschenk
#
#neuearbeit
#Lc
# #
#CoolBoss #

18. Bieten Sie »Berufseinstiegs-begleiter« – aber nennen Sie die bloß nicht so

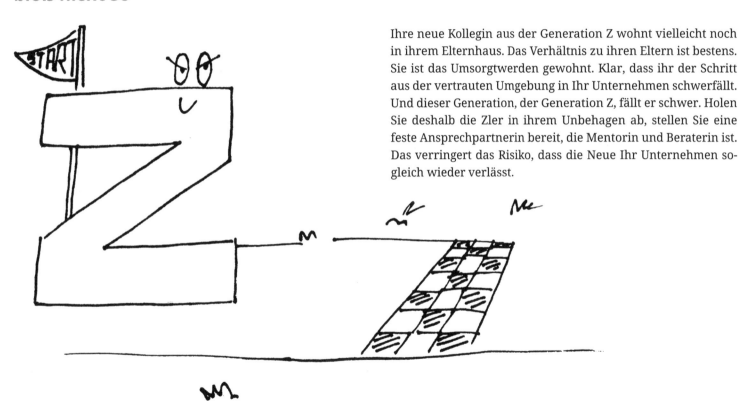

Ihre neue Kollegin aus der Generation Z wohnt vielleicht noch in ihrem Elternhaus. Das Verhältnis zu ihren Eltern ist bestens. Sie ist das Umsorgtwerden gewohnt. Klar, dass ihr der Schritt aus der vertrauten Umgebung in Ihr Unternehmen schwerfällt. Und dieser Generation, der Generation Z, fällt er schwer. Holen Sie deshalb die Zler in ihrem Unbehagen ab, stellen Sie eine feste Ansprechpartnerin bereit, die Mentorin und Beraterin ist. Das verringert das Risiko, dass die Neue Ihr Unternehmen sogleich wieder verlässt.

19. Zeigen Sie Ihren Neuen Entwicklungsmöglichkeiten auf

Wie motiviert man eine Generation, die schon alles zu haben scheint.

58 % der Zler trauen sich unabhängig vom Bildungsgrad eine Führungsposition zu. Das ergab unsere Studie. Sie als Führungsperson wissen, diese Anforderung ist unrealistisch. Trotzdem müssen Sie dem Anspruch Rechnung tragen.

Zeigen Sie deshalb von Anfang an Perspektiven auf, auch ungefragt. Die Zler müssen im Unternehmen die realistische Möglichkeit haben, sich zu entwickeln. So motivieren Sie die Generation Z für einen langfristigen Weg in Ihrem Unternehmen.

Motivation

Motivation heißt Bewegen (lat. movere). Motivatoren sind also Beweggründe für das eigene Verhalten. Man unterscheidet klassischerweise zwischen extrinsischen und intrinsischen Motivatoren. Extrinsische Motivatoren kommen von außen, Dinge wie Geld und Anerkennung. Intrinsische Faktoren kommen von der Person selbst. Der Spaß an der Tätigkeit an sich, die eigene Weiterentwicklung.

20. Seien Sie nicht bossig

Den Spruch kennen Sie noch, oder? »Lehrjahre sind keine Herrenjahre.« Haben Sie als junger Mensch vielleicht selbst zu hören bekommen. Würde sich die Generation Z nicht so ohne Weiteres bieten lassen. Dazu ging es den Zlern immer zu gut; sie sind anspruchsvoll, wollen von Anfang an was leisten, aber dafür auch wertgeschätzt werden. Also sparen Sie sich harsche Worte wie: »Sei nicht aus Zucker.« »Dafür ist jetzt keine Zeit.« Oder: »Stell dich bitte nicht so an.« Machen Sie es nicht so wie ein Ausbilder aus der Werkzeugbranche, der es seit 20 Jahren immer gleich macht. Der schimpft über die heutige Jugend, die sei ja verweichlicht, kriege nichts richtig gebacken, halte nicht durch. Er kommt nicht auf die Idee, dass es auch an ihm und seiner Einstellung liegen könnte, wenn die Neuen Praktikum oder Ausbildung abbrechen. Auch an seinem Ton. Also: Behandeln Sie die Zler auf gleicher Augenhöhe, mit Respekt.

5.4 Die Bindung ans Unternehmen

21. Fragen Sie Zler, wenn Sie Zler begeistern möchten

Eine weltweit agierende Firma nahe Düsseldorf baut einen 300-Quadratmeter-Raum der bunter und ausgefallener nicht sein kann. Ziel: Die Generation Z begeistern und cool sein. Problem: Die Zler nutzen den modernen Working Space nicht. Warum? Weil sie niemand gefragt hat.

Planung und Bau wurden komplett von Xlern durchgeführt. Was »die Jungen« wollen, wurde nur vermutet. Die Raumplanung wurde von den Zlern als »90ies« empfunden.

Deshalb: Zler miteinbeziehen. Die besten Experten für deren Bedürfnisse sind sie selbst.

VUCA-Welt

Das englische Akronym VUCA steht für Volatility (Natur und Dynamik des Wandels), Uncertainty (Unvorhersehbarkeit), Complexity (Komplexität und Interdependenz der Welt) und Ambiguity (Ambiguität der Welt und Potenziale für falsche Annahmen). Der Begriff entstand schon 1987 durch das amerikanische Militär, das sich auf die vielschichtige Welt und die asymmetrische Kriegsführung (Guerillakriege, Selbstmordattentäter, Straßenkämpfe) nach dem Kalten Krieg (Frontalkrieg) bezog. Heutzutage wird er vor allem genutzt, um komplexe Probleme wie Globalisierung und Digitalisierung für Unternehmen greifbarer zu machen.

22. Seien Sie selbst digital kompetent

Kürzlich auf der Firmenfeier einer großen Versicherung: Frank ist 56 Jahre alt und leitet die Abteilung »Leben« mit knapp 100 Angestellten. Sein neuer Mitarbeiter Markus gehört zur Generation Z. Frank zeigt seinem neuen Kollegen ein Video auf seinem Handy. Markus nimmt es in die Hand und macht mit den Lautstärketasten an der Seite den Ton lauter. Frank fragt: »Wie hast du das denn gemacht?« Markus denkt sich: »Der Typ verdient 150k im Jahr und weiß nicht, wie man die fünf Tasten an seinem Smartphone bedient, was ist los mit dem? Hängen geblieben!«

Für einige Zler wirken Vorgesetzte nicht wie kompetente Führungskräfte, sondern wie Oldtimer aus einer anderen Zeit. Seien Sie digital kompetent!

Arbeit 4.0

Ein aus der EDV-Programmierung übertragenes Versionsschema. Die angehängte Nummer ist eine Versionsnummer, unterscheidet einzelne Versionen einer Software und kennzeichnet das Weiterentwickeln der Software. Die Arbeit 4.0 ist aus dem Marketingbegriff »Industrie 4.0« entlehnt. Industrie 4.0 war der Name des Arbeitskreises der Promotorengruppe Kommunikation der Forschungsunion. Im Oktober 2012 übergab der Arbeitskreis unter Vorsitz von Henning Kagermann Umsetzungsempfehlungen an die Bundesregierung. Erst später wurden die Versionen bezeichnend. Der Begriff scheint in der deutschen Wirtschaft verankert zu sein. Die Sinnhaftigkeit ist fraglich. In den wenigsten Fällen wissen die Menschen jedoch, was denn 1.0, 2.0, 3.0 oder gar 4.0 ist und was wir bei 5.0 erwarten. Zur Aufklärung, die Versionen der Industrie: 1.0 Dampf, 2.0 Elektrizität, 3.0 Einsatz von IT/Automatisierung/SPS.

Die »Industrie 4.0« feiert große Beliebtheit, und allem, was einen neuen Anstrich braucht und als zeitgemäß gelten soll, wird die 4.0 angeheftet. Ein Xler würde dies als »Alter Wein in neuen Schläuchen« bezeichnen. Mittlerweile nimmt die 4.0 weite Züge an und ist an jeglichen Bereich angeheftet: Leadership 4.0, Wirtschaft 4.0, Prozesse 4.0, Logistik 4.0, Consulting 4.0 und viele weitere. Im englischen Sprachgebrauch wird diese Thematik als »Internet of Things« (IoT) bezeichnet. IoT zielt auf die Kommunikation der Dinge untereinander ab. Die Maschine kommuniziert selbst, dass sie ein neues Ersatzteil braucht. Das Ersatzteil kommt automatisch zur Maschine und baut sich obendrein selbst ein.

23. Seien Sie vorsichtig wie mit einer Pusteblume

Haben Sie einen Garten? Was nervt Sie besonders, nötigt Ihnen aber vielleicht auch Respekt ab – der Löwenzahn? Wenn wir von Generationen sprechen, sind die Angehörigen der Generation X der Löwenzahn. Die alten Römer hatten ihre Straßen mit Kies als Fundament präpariert, um zu verhindern, dass der Löwenzahn sie durchbricht. Tut er trotzdem. Bedeutet für uns: Die Xler lassen sich nicht durch Widerstände entmutigen, beißen sich durch. Die können auch mal ein hartes Wort ab.

Das Symbol für die Generation Z ist dagegen eher die Pusteblume. Die Zler sind empfindlicher. Lassen sich durch einen harschen Windhauch schnell vertreiben. Und haben ja auch die Wahl. Arbeit gibt es genug, die Zler können wählen. Also, machen Sie nicht zu viel Wind. Seien Sie empathisch.

24. Schmeißen Sie die Neuen nicht ins kalte Wasser

Früher bewarben sich noch Erwachsene. Jedenfalls was die Studenten anging. Die Bewerber hatten ein gewisses Alter und einige Erfahrung. 13 Jahre Schule statt zwölf, anderthalb Jahre Bundeswehr oder zwei Jahre Zivildienst, fünf bis sechs Jahre Studium statt drei im Bachelor. Die ließen sich schon mal ins kalte Wasser schmeißen. Die Zler wollen das nicht. Sie sind jung, sie haben noch nicht so viele Erfahrungen gemacht, mussten nicht neben ihrer Ausbildung Geld verdienen. Und ihre Eltern haben sie schließlich auch nicht ins kalte Wasser geworfen.

Halten Sie also lieber Schwimmflügel bereit, und achten Sie darauf, dass das Wasser mindestens lauwarm ist. Der Bademeister sollte auch möglichst in der Nähe sein.

25. Erkennen Sie die überlegene digitale Kompetenz der Neuen an

So wie der Borkenkäfer unter der Borke lebt, lebt die Generation Z in der digitalen Welt. Sie ist damit aufgewachsen und somit darin kompetenter als alle Generationen davor. Seien Sie nicht beleidigt, zeigen Sie sich nicht trotzig, sondern freuen Sie sich. Nutzen Sie dieses unglaubliche Potenzial. Auch wenn es Ihnen schwerfällt: Betrachten Sie die jungen Neuen nicht als Lernende, sondern als Lehrende. Bitten Sie um Hilfe. Seien Sie sich nicht zu schade, dass Ihre Herrenjahre vielleicht sogar Lehrjahre werden.

26. Ermöglichen Sie Teamarbeit

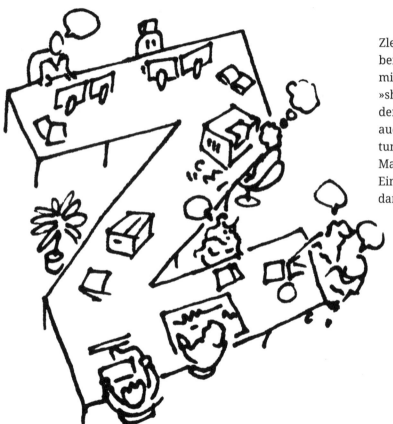

Zler sind keine Einzelkämpfer und wollen keine sein. Teamarbeit ist für sie wichtig. Sie fühlen sich am wohlsten, wenn sie mit ihren »Besties« zusammenarbeiten und den Arbeitsalltag »sharen«. Sie wollen auch keine Büros nur allein für sich, sondern bevorzugen Teamarbeitsplätze. Teamarbeit kommt ihnen auch deshalb gelegen, weil sie nicht persönlich zur Verantwortung gezogen werden, wenn sie als Team einen Fehler begehen. Machen Sie also Ihre Arbeitsplätze teamfähig. Kombinieren Sie Einzelaufgaben zu Teamaufgaben. Die Zler werden es Ihnen danken.

27. Beachten Sie das FOMO

Ich like, also bin ich – die Generation Z definiert sich über das Leben auf Social-Media-Plattformen. Also über Selbstdarstellung. Dabei sind Trends schnelllebiger als je zuvor. Ein Video zu liken, kann an einem Tag dem sozialen Status nutzen und am anderen Tag schon wieder out sein. Die Zler liegen daher ständig auf der Lauer, um bloß nichts Wichtiges zu verpassen. Das nennt sich FOMO, »fear of missing out«.

Nehmen Sie diese Angst ernst. Kommen Sie deshalb nicht auf Ideen wie ein Handyverbot am Arbeitsplatz. Schließlich wollen Sie sich nicht lächerlich machen. Nörgeln Sie auch nicht herum, sondern interessieren Sie sich für diese Lebenswelt. Es könnte auch die Lebenswelt Ihrer Kunden sein.

*Man sieht Mount Lu nicht,
wenn man auf ihm steht!*«
(Buddhistische Weisheit)

6

Ein Blick in die Zukunft: Die Folgegeneration Generation Alpha

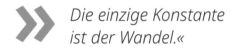 *Die einzige Konstante
ist der Wandel.«*

Es ist ein Sonntagmorgen im Frühling, einer der ersten richtig warmen Tage des Jahres. Im Haus der Familie Gärtner sind bereits alle Fenster geöffnet und der Duft des Frühlings zieht durch das Haus. Die Familie Gärtner, das sind Lisa, Thomas und deren zwei Kinder Amelie und Jonas im Alter von drei und fünf Jahren. Auf dem Frühstückstisch liegen Smartphone und Tablet – denn Thomas checkt morgens immer die Aktienkurse und E-Mails. Auch sonntags. Seine Frau nutzt die Gelegenheit, um mit ihrer besten Freundin über WhatsApp Sprachnachrichten auszutauschen. Am Nachmittag steht nämlich ein gemeinsamer Ausflug an, der noch geplant werden muss. Die kleine Amelie schaut sich auf ihrem Smartphone nebenbei ein Kindervideo an. Lediglich Jonas konzentriert sich auf sein Frühstück.

Da die Familie am Abend grillen möchte, gibt sie ihrem digitalen Sprachassistenten die Aufgabe, sie um 17:00 Uhr an die Vorbereitung zu erinnern. Er steht mittig auf dem Küchentisch und hört zu.

Das ist das Jahr 2019.

Digitale Dienstleistungen haben den Alltag vieler Familien durchdrungen. Festnetztelefon oder Fernseher besitzt die Familie Gärtner nicht mehr, dafür aber ein schnelles Wi-Fi und smarte Geräte, die ihnen den Alltag erleichtern.

Die heutigen Kinder erleben das als Selbstverständlichkeit.

Sehr oft werden wir gefragt: »Was kommt denn eigentlich nach der Generation Z? Fängt alles wieder von vorne an?«

Tatsächlich, die Folgegeneration trägt den Titel Generation Alpha. Sie umfasst alle zwischen 2011 und 2025 Geborenen. Ja, richtig, ein Teil dieser Generation ist noch nicht auf der Welt. Dennoch ist es schon wichtig, über sie nachzudenken. Denn auch die »Alphas« werden wieder eine einzigartige Generation sein, die unser Denken und Handeln beeinflussen wird.

Die Generation Alpha wird deutlich stärker und selbstverständlicher digital vernetzt sein, als es die Generation Z heute ist. Weltweit verbringen Vorschulkinder heute schon um die 15 Stunden pro Woche mit digitalen Geräten – das ist die Generation Alpha.

Wodurch werden die Wertvorstellungen dieser jungen Menschen geprägt? Durch smartes Spielzeug z. B. Oder dadurch, dass zukünftig Spielzeug mit dem 3-D-Drucker selbst gedruckt wird. Wenn Kinder der Generation Alpha versuchen, durch Wischen über die Scheibe eines Fernsehers das Programm zu wechseln, zeigt uns das: Die Welt, in der man mit Fernbedienungen Geräte bedient, ist für diese Generation nicht mehr bekannt. Für sie sind Fernbedienungen altmodisch. In der Regel lernen sie, auf Touchscreen-Bildschirmen zu scrollen, bevor sie sprechen können. Die ganzen technischen Errungenschaften, die älteren Generationen in langsamen Entwicklungsstadien kennengelernt haben, sind für die Generation Alpha bereits da.

Was wird für diese Generation selbstverständlich sein? Spracherkennung im Auto oder beim Smartphone, Routenberechnung im Navigationsgerät – das ist nichts Neues mehr. Was dahintersteckt, wird sich jedoch rasant weiterentwickeln. Künstliche Intelligenz als Technologie wird für die Generation Alpha selbstverständlich in den Alltag integriert sein. Zukünftig werden viele Jobs mit repetitiven und simplen Aufgaben automatisiert werden. Aber auch viele Berufsbilder, für die bislang nur Hochqualifizierte infrage kamen, werden wegfallen. Vom Radiologen bis zu bestimmten Anwaltstätigkeiten – die Technologie wird große Teile der Berufswelt verändern und auch neue Jobs entstehen lassen. Eine neue industrielle Revolution.

Ganz besonders wird es die Generation Alpha gewohnt sein, Services zu nutzen, die genau auf sie zugeschnitten sind. Das Recruiting wird sich dieser Anforderung zunehmend anpassen: durch Big Data. Je selbstverständlicher digitale Produkte genutzt werden, desto mehr (personenbezogene) Daten werden preisgegeben. Das wird es Arbeitnehmern und Arbeitgebern erleichtern, gemeinsame Bedürfnisse kennenzulernen. Diese werden letztlich darüber entscheiden, ob ein Kontakt zustande kommen wird. Die klassische Bewerbungsmappe wird für die Generation Alpha ein Relikt vergangener Tage sein.

Die Eltern der Generation Alpha gehören zur Generation Y – wie Lisa und Thomas Gärtner –, die selbst digital versiert sind und ursprünglich Digital Natives 1.0 genannt wurden. Sie werden von Beginn an darauf achten, den Kindern das nötige Handwerkszeug für die digitale Welt mitzugeben. Deshalb wird sich die Generation Alpha besser darin bewegen als die Generation Z. Sie werden schneller, versierter und auch reflektierter mit digitalen Produkten umgehen. Noch mehr wie die Generation Z wird die Generation Alpha kein Verständnis für Lebensbereiche haben, in denen Vernetzung nicht gegeben ist. In denen sie ihr Smartphone nicht nutzen können.

Die Generation Alpha wird aber auch eine Generation der Technikhörigen sein. Je mehr alle Lebensbereiche digital durchdrungen und vermessen werden, desto weniger benötigt der Mensch eine innere Stimme. Hat man gut geschlafen? Die eigene Matratze hat Schlafrhythmus und Bewegungen gemessen und an das Smartphone gesendet. Hat man sich genügend bewegt? Eine Gesundheitsapp gibt an, was es zu optimieren gibt und wie viele Kalorien das Abendessen haben darf. Wohlbefinden und Befindlichkeit wird zukünftig vermehrt durch Algorithmen bewertet, nicht durch Bauchgefühle. Bekanntschaften und mögliche Partner werden in sozialen Netzwerken ebenfalls auf Basis von Wahrscheinlichkeiten vorgeschlagen. Das individuelle Zuschneiden aller digitalen Services auf den Menschen ist letztlich nur das Produkt kollektiver Datenverarbeitung – und damit viel mehr kollektivierend als individualisierend. Was Künstliche Intelligenzen und deren Algorithmen vorgeben, wird für die Generation Alpha handlungsprägend sein. Die Fähigkeit, diese Entwicklungen mit gesunder Skepsis zu betrachten und deren Funktionsweisen zu reflektieren, wird die größte Herausforderung für diese Generation. Der Mut, sich seines eigenen Verstandes in einer digitalen Welt zu bedienen, Immanuel Kants einstiger Leitspruch der Aufklärung, wird für die Generation Alpha entscheidend sein.

Wir erwarten, dass die Generation Alpha, wie auch die Generation Z, Werte wie Toleranz, Nachhaltigkeit und Diversität stär-ker vertreten wird. Die Vernetzung mit Gleichaltrigen in sozialen Netzwerken lässt die Welt für sie näher zusammenwachsen. Religiöse und sexuelle Freiheit werden für sie vollkommen normal sein – genau wie Forderungen nach mehr Nachhaltigkeit. Wird sich diese Generation politisch für Nachhaltigkeit einsetzen? Wird Sie die digitalen Dienstleistungen der Modernen unhinterfragt annehmen? Wie wird diese Generation auf eine sich schnell verändernde Arbeitswelt reagieren? Für einige Aspekte gibt es schon Hinweise, andere sind noch nicht absehbar. Was wir jedoch wissen: Der Unterschied zwischen den Lebenswelten der Generationen Alpha, Y und X wird beachtlich.

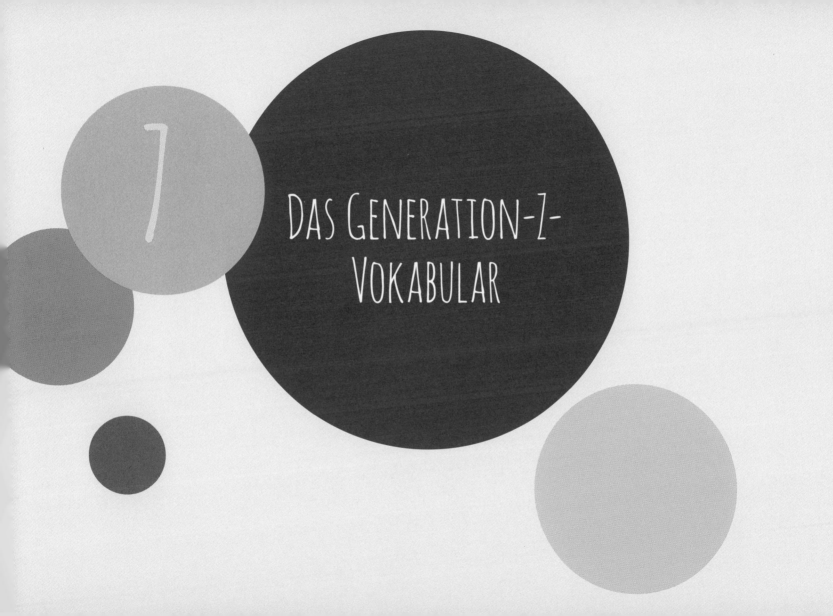

7

DAS GENERATION-Z-VOKABULAR

Hey Diggie, chill mal deine Basis

Dein Zitier-Dude«

A

AF	As fuck
Appler	Eine Person, die mit ihren Apple-Produkten angibt
Askhole	Eine Person, die viele dumme Fragen stellt
Auf deinen Nacken	Bedeutet so viel wie: »Die Rechnung geht auf dich«, z. B. im Restaurant
Auf meinen Nacken	Bedeutet so viel wie: »Die Rechnung geht auf mich«, z. B. im Restaurant
Axelfasching	Achselhaare

B

Bedgasm	Ins Bett fallen und sich sofort wohlfühlen
Bestie	Beste Freundin/bester Freund
Borderitis	Grenzen nicht akzeptieren
Boy-/Girlfriend-material	Paare, die gut zusammenpassen
Breiern	Sich übergeben (erbrechen) und dennoch weiterfeiern

C

Cellfish	Eine Person, die vor anderen lange und laut am Handy telefoniert
Chairdrobe	Einen Stuhl als Garderobe nutzen
Chill mal dein Leben	Bedeutet so viel wie: »Beruhig dich mal«, »Sei nicht so ernst«
Chinning	Bewusst Fotos von sich selbst mit Doppelkinn machen

D

Destinesia	Wenn man vergisst, wieso man zu einem bestimmten Ort gehen wollte
Doppelbanger	Eine Person, mit der jemand Geschlechtsverkehr hatte, die ihm oder ihr ähnlich sah

E

Ehrenmann/Ehrenfrau	Anerkennenswertes Verhalten
Einwrappen	Sich in eine Decke einrollen (ähnlich einem Wrap)
Errorist	Jemand, der immer wieder die gleichen Fehler macht
Exting	Per SMS oder WhatsApp eine Beziehung beenden

I

Ich küss dein Auge	Ich danke dir (ursprünglich aus dem Türkischen entlehnt)/ich habe dich gern
Igers	Jemand, der Instagram nutzt

G

Glucosehaltig	Süß (zuckerhaltig)
Gymkie	Extremer bzw. regelmäßiger Fitness-gänger

K

Kocum	Bester Freund

L

Lauch	Ein dünner, hagerer, trotteliger Mensch
Lindnern	Etwas lieber gar nicht machen als schlecht
Lit	Aufregend, besonders cool
Lituation	Eine als »cool« empfundene Situation
Lmgtfy	Let me google that for you – Ausdruck, wenn jemand eine unnötige Frage stellt

M

Mastrudating	Alleine ausgehen ins Kino oder zum Essen
Merkeln	Keine Entscheidung treffen/nichts tun

N

Napflixen	Während eines Films (z. B. Serie bei Netflix) einschlafen
Nonversation	Eine völlig unnütze Kommunikation (schlechter Small Talk)

R

Rant	Ausrasten
Rumoxidieren	Abhängen/nichts tun

T

Textpectation	Auf eine Antwort warten, z. B. bei WhatsApp
Tinderjährig	Alt genug sein, um Tinder nutzen zu dürfen

S

Screenitus	Gefühl, zu lange auf den PC-Bildschirm geschaut zu haben
Sheeesh/Sheesh/Sheeeesh	Wirklich?
Snackosaurus	Ein verfressener Mensch

V

Verbuggt	Voller Bugs (Fehler), Beispiel: Du bist so verbuggt, du nervst!

W

Wack	Langweilig (uncool)

Z

Zuckerbergen	Jemanden stalken

8 LITERATUR

Albert, M. et al. (Hrsg.) (2011): *Jugend 2010: eine pragmatische Generation behauptet sich* (Orig.-Ausg., 2. Aufl.). Frankfurt am Main: Fischer Taschenbuch Verlag

Baumgart, F. (Hrsg.) (2008): *Theorien der Sozialisation: Erläuterungen, Texte, Arbeitsaufgaben* (4., durchges. Aufl.). Bad Heilbrunn: Klinkhardt

Bebnowski, D. (2012): *Generation und Geltung: Von den »45ern« zur »Generation Praktikum«-übersehene und etablierte Generationen im Vergleich.* Bielefeld: transcript

Becker, H. A. (2008): *Karl Mannheims »Problem der Generationen« – 80 Jahre danach.* Abgerufen von *https://www.ssoar.info/ssoar/bitstream/handle/document/26971/ssoar-zff-2008-2-becker-karl_mannheims_problem_der_generationen.pdf?sequence=1&is Allowed=y&lnkname=ssoar-zff-2008-2-becker-karl_mannheims_problem_der_generationen.pdf*

Beer, R. (2007): *Erkenntniskritische Sozialisationstheorie: Kritik der sozialisierten Vernunft.* Abgerufen von *http://dx.doi.org/10.1007/978-3-531-90553-2*

BITKOM research (2014): *Kinder und Jugendliche 3.0.* Abgerufen von *https://www.bitkom.org/Presse/Anhaenge-an-PIs/2014/April/BITKOM-PK-Kinder-und-Jugend-3-0.pdf*

Bude, H. (2005): »Generation im Kontext. Von den Kriegs- zu den Wohlfahrtsstaatsgenerationen«. In Jureit, U.; Wildt, M.: *Generationen: Zur Relevanz eines wissenschaftlichen Grundbegriffs.* Hamburg: Hamburger Edition, S. 28 – 44

Calmbach, M. et al. (2016): *Wie ticken Jugendliche 2016? Lebenswelten von Jugendlichen im Alter von 14 bis 17 Jahren in Deutschland.* Wiesbaden: Springer

Deutsches Jugendinstitut (DJI) (2000): *ZA3609: DJI-Jugendsurvey 2000.* Abgerufen von *https://dbk.gesis.org/dbksearch/SDESC2.asp?no=3609&search=3609&search2=&DB=D*

Ecarius, J.; Köbel, N.; Wahl, K. (2011): *Familie, Erziehung und Sozialisation.* Wiesbaden: VS Verlag für Sozialwissenschaften

Eurostat (2017): *EU: Jugendarbeitslosigkeit in den Mitgliedsstaaten 2017.* Abgerufen von *https://de.statista.com/statistik/daten/studie/249093/umfrage/jugendarbeitslosenquote-in-der-eu-und-der-euro-zone/* und *https://de.statista.com/statistik/daten/studie/74795/umfrage/jugendarbeitslosigkeit-in-europa/*

Feierabend, S.; Plankenhorn, T.; Rathgeb, T. (2016): *Jugend, Information, (Multi-) Media.* Medienpädagogischer Forschungsverbund Südwest (mpfs), (Hrsg.). Abgerufen von *https://www.mpfs.de/fileadmin/files/Studien/JIM/2016/JIM_Studie_2016.pdf*

Hurrelmann, K.; Quenzel, G. (2007): *Lebensphase Jugend: eine Einführung in die sozialwissenschaftliche Jugendforschung.* Weinheim München: Beltz Juventa

Jureit, U. (2006): *Generationenforschung.* Göttingen: Vandenhoeck & Ruprecht

Klaffke, M. (Hrsg.) (2014): *Generationen-Management: Konzepte, Instrumente, Good-Practice-Ansätze.* Wiesbaden: Springer-Gabler.

Mannheim, K. (1964): »Das Problem der Generationen«. In ders.: *Wissenssoziologie. Auswahl aus dem Werk.* Hrsg. von Kurt H. Wolff. Neuwied/Berlin: Luchterhand

O. V. (2019): »Snapchat by the Numbers: Stats, Demographics & Fun Facts«. Abgerufen von *https://www.omnicoreagency.com/snapchat-statistics/*

Parnes, O.; Vedder, U.; Willer, S. (2008): *Das Konzept der Generation: Eine Wissenschafts- und Kulturgeschichte.* Frankfurt am Main: Suhrkamp

Schäfers, B. (2001): *Jugendsoziologie: Einführung in Grundlagen und Theorien* (7., aktualisierte und überarb. Aufl.). Opladen: Leske + Budrich

Snap Inc. (2012): »Let's chat«. Abgerufen von *https://www.snap.com/en-US/news/post/lets-chat/*

Statista (2019): »Number of daily active Snapchat users from 1st quarter 2014 to 1st quarter 2019 (in millions)«. Abgerufen von *https://www.statista.com/statistics/545967/snapchat-app-dau/*

Taylor, A. N. (2017): »Preschoolers' Parents Seek Out the Developmental Benefits of Technology«. Abgerufen von *https://insights.viacom.com/post/preschoolers-parents-seek-out-the-developmental-benefits-of-technology/*

Tinder (n. d.): «Tinder | Match. Chat. Meet. Modern Dating«. Abgerufen von *https://www.gotinder.com/press?locale=de*

9 INDEX

Über den Autor

Rüdiger Maas hat Psychologie in Deutschland und Japan studiert. Er forschte und arbeitete ein Drittel seines Lebens im Ausland. Längere Arbeits- und Forschungsaufenthalte waren in Japan, Neuseeland, Nepal, Syrien, Kenia, den USA und der Schweiz. Vor zehn Jahren gründete er eine Unternehmensberatung, die Maas Beratungsgesellschaft mbH, mit Konzentration auf die Themen Rekrutierung, Prozessoptimierung, Organisations- und Personalentwicklung.

Durch seine spannenden Erlebnisse und erfrischende Herangehensweise ist er ein viel gebuchter Keynote Speaker und Interviewpartner. Maas berät Vorstände, Geschäftsführer und Topmanager diverser DAX-Konzerne, aber auch KMU sowie öffentliche Einrichtungen, Politiker und Spitzensportler.

Seit 2012 erforscht und analysiert Rüdiger Maas mit seinem Team Kohorten- und Gruppenverhalten sowie generationenbedingtes Kaufverhalten. Er gründete hierzu das Institut zur Generationenforschung. Schwerpunkte der Forschung liegen immer wieder auf der gegenseitigen Beeinflussung der Generationen untereinander, in Unternehmen, aber auch in der Gesellschaft.

Ein Teil seiner Studien wurde in diesem Buch verarbeitet.

Weitere Akteure des Buches

Dieses Buch wurde auf Basis einer gemeinsamen Forschungsarbeit erstellt, die nun über zwei Jahre Zeit beansprucht hat.

Die Forscher waren:

Rüdiger Maas, *Dipl.-Psych., M. Sc. Wirtschaftspsychologie*
Herr Maas war Urheber der Forschungsidee und der kompletten Studie.

Lorenz Schlotter, *M. A. Wirtschaftssoziologe*
Herr Schlotter führte die Befragungen, die Datenerhebung und Auswertung durch.
Er war Projektleiter und Studiendesign-Mitentwickler.

Philipp Hubert, *M. Sc. Psychologe*
Herr Hubert analysierte die Datensequenzen auf psychologische Besonderheiten. Er erweiterte das Studiendesign um wichtige psychologische Erkenntnisse.

Hartwin Maas, *Dipl.-Wirt.-Ing., MIB*
Herr Maas wertete die Datenerhebung aus und regelte die technischen und organisatorischen Möglichkeiten, eine bundesweite Studie zu realisieren.

ADRIAN BECK PHOTOGRAPHER ©

Institut für Generationenforschung

Das Institut für Generationenforschung besteht aus Psychologen und Soziologen der Generationen Babyboomer, X, Y und Z. Alle Forscher sind beratend tätig. Untersucht werden die Lebenswelten der verschiedenen Generation, das Kommunikations- und Konsumverhalten, die Wahrnehmung sowie Wertvorstellungen, Wünsche, Ängste und Potenziale.

Das Institut unterstützt Personalverantwortliche, Unternehmer und Entscheider durch umfassendes Analysieren und Optimieren des gesamten Personalprozesses, vom Personalmarketing bis zur Personalbindung. Darüber hinaus bietet das Institut Keynote-Vorträge auf Firmenveranstaltungen sowie Workshops für Führungskräfte und Ausbilder an, die mit der Generation Z interagieren.

www.generation-thinking.de